全国工会干部培训基础教材

工会宣传教育工作概论

全国工会干部培训基础教材编写委员会◎编

中国工人出版社

图书在版编目（CIP）数据

工会宣传教育工作概论 / 全国工会干部培训基础教材编写委员会编 .—北京：中国工人出版社，2023.3

ISBN 978-7-5008-8095-0

Ⅰ .①工… Ⅱ .①全… Ⅲ .①工会工作 - 宣传工作 - 中国 - 干部培训 - 教材 Ⅳ .① D412.65

中国国家版本馆 CIP 数据核字（2023）第 025707 号

工会宣传教育工作概论

出 版 人	董 宽
责任编辑	蒋佩轩
责任校对	张 彦
责任印制	栾征宇
出版发行	中国工人出版社
地 址	北京市东城区鼓楼外大街45号 邮编：100120
网 址	http://www.wp-china.com
电 话	（010）62005043（总编室） （010）62005039（印制管理中心） （010）62382916（工会与劳动关系分社）
发行热线	（010）82029051 62383056
经 销	各地书店
印 刷	北京市密东印刷有限公司
开 本	660毫米×960毫米 1/16
印 张	10.5
字 数	120千字
版 次	2023年3月第1版 2024年6月第4次印刷
定 价	28.00元

全国工会干部培训基础教材
编写委员会

团结动员亿万职工
为全面建设社会主义现代化国家
贡献力量（代序）

王东明

党的二十大是在全党全国各族人民迈上全面建设社会主义现代化国家新征程、向第二个百年奋斗目标进军的关键时刻召开的一次十分重要的大会，是一次高举旗帜、凝聚力量、团结奋进的大会，为新时代新征程党和国家事业发展、实现第二个百年奋斗目标指明了前进方向、确立了行动指南。必须深刻领会大会精神实质、把握核心要义、明确奋斗目标，在全面学习、全面把握、全面落实上下功夫，团结动员亿万职工在新征程上踔厉奋发、勇毅前行，为实现第二个百年奋斗目标贡献智慧和力量。

深刻领悟“两个确立”的决定性意义，把“两个维护”落实到工会工作各方面全过程

党的二十大在政治上、理论上、实践上取得了一系列重大成果。习近平同志在党的二十届一中全会上继续当选中共中央总书记，充分反映了全党全军全国各族人民的共同心愿和习近平总书记的崇高威望，充分展示了全党全国上下在以习近平同志为核心的党中央团结带领下战胜前进道路上一切风险挑战、开创美好未来的坚定信心和决心，是全党上下拥护“两个确立”、做到“两个维护”的生动实践和真实体现。

党的十八大以来，党和国家面临的形势之复杂、斗争之严峻、改革发展稳定任务之艰巨世所罕见、史所罕见，习近平总书记以高超的政治智慧、强烈的历史担当、卓越的领导能力和“我将无我，不负人民”的崇高境界，带领全党全军全国各族人民攻坚克难、砥砺前行，推动党和国家事业取得历史性成就、发生历史性变革。实践充分证明，新时代十年的伟大变革，根本在于有习近平总书记作为党中央的核心、全党的核心领航掌舵，在于习近平新时代中国特色社会主义思想的科学指引。“两个确立”是党在新时代取得的重大政治成果，是推动党和国家事业取得历史性成就、发生历史性变革的决定性因素。

习近平总书记高度重视工人阶级和工会工作，对工会坚持党的领导提出明确要求，强调工会工作做得好不好、有没有取得明显成效，关键看有没有坚持正确政治方向；坚持正确政治方向，一言以蔽之，就是要坚持中国共产党领导和社会主义制度；只有坚持党的领导，工会工作才能方向明确、不走偏路，才能做得有声有色、扎实有效；在坚持党的领导这个根本问题上，工会必须旗帜鲜明、立场坚定。回顾百年来党领导的现代工人运动史，我国工会坚定不移在党的领导下开展工作，与历史同步伐、与时代共命运，为党和国家事业发展作出了重要贡献。

党的十八大以来，全总和各级工会始终把坚持党的领导作为工会工作的最高政治原则和根本保证，把深入学习贯彻习近平新时代中国特色社会主义思想作为首要政治任务，健全学习新时代党的创新理论的制度性安排，准确把握其基本观点、核心要义、科学体系、根本要求；完善党组（党委）会议“第一议题”制度，第一时间传达学习、第一时间狠抓落实习近平总书记重要指示批示、党中央重大决策部署；完善向党中央请示报告重大事项制度，探索与省级党委协调推进工会工作的机制，完善全总定期听取省级工会工作报告和意见建议制度；以党的政治建设为统领加强党的各项建设，全面推进工会系统从严治党，营造风清气正的良好政治生态。党的十八大以来工会工作取得重要进展和新成效，根本在于始终坚持党对工会的领导，在于始终坚持以习近平新时代中国特色社会主义思想为指导。

当前，世界百年未有之大变局加速演进，新一轮科技革命和产业变革深入发展，国际力量对比深刻调整，我国发展进入战略机遇和风险挑战并存、不确定难预料因素增多的时期。面对严峻复杂的形势，最重要的就是要始终坚持“两个确立”，坚决做到“两个维护”，这是党在新时代十年伟大变革中积累的宝贵经验，是党和国家的前途命运所系、全国各族人民的根本利益所在，是党团结带领全国各族人民全面建设社会主义现代化国家、夺取新的伟大胜利的根本政治保证。新征程上，各级工会组织和广大工会干部必须深刻领悟“两个确立”的决定性意义，进一步增强“四个意识”、坚定“四个自信”、做到“两个维护”，坚定不移在思想上政治上行动上同以习近平同志为核心的党中央保持高度一致。坚持不懈强化理论武装，深刻把握习近平新时代中国特色社会主义思想的世界观和方法论，坚持运用贯穿其中的立场观点方法，切实用以指导实践、推动工作、破解难题。自觉同习近平总书记重要指示批示精神、重要论述、党中央决策部署要求对标对表，真正把拥护“两个确立”、做到“两个维护”体现在行动上，落实到工作中。面向基层和一线职工，广泛开展多种形式的宣传宣讲，推动“两个确立”更加深入人心、“两个维护”成为广大工会干部和职工群众的自觉行动。

引领职工听党话、跟党走，汇聚起亿万职工团结奋斗的磅礴力量

党的二十大立足新时代新征程的历史方位，深刻分析我国发展面临的形势和挑战，对全面建成社会主义现代化强国两步走战略安排进行了宏观展望，重点部署了未来5年的战略任务和重大举措，发出了为全面建设社会主义现代化国家、全面推进中华民族伟大复兴而团结奋斗的伟大号召。

习近平总书记强调，党和人民取得的一切成就都是团结奋斗的结果，团结奋斗是中国共产党和中国人民最显著的精神标识。团结才能胜利，奋斗才会成功。新时代十年，我们以奋发有为的精神把新时代中国特色社会主义推向前进，创造了一个个令人刮目相看的人间奇迹，靠的就是全党全国各族人民万众一心、勇往直前、团结奋斗。汇聚起亿万人民团结奋斗的磅礴伟力，离不开扎实有效的思想政治引领。通过卓有成效的思想政治引领，把亿万职工思想统一起来、共识凝聚起来、力量激发出来，工会重任在肩、使命在肩。

党的十八大以来，全总和各级工会认真履行引导职工群众听党话、跟党走的政治责任，把学习贯彻习近平新时代中国特色社会主义思想作为加强思想政治引领的第一位任务，通过理论宣讲、劳模宣讲、演讲比赛、知识竞赛等方式，把“大学习”的课堂搬到工厂车间、生产一线，推动习近平新时代中国特色社会主义思想进企业、进车间、进班组。加强对习近平总书记关于工人阶级和工会工作的重要论述的学习贯彻和研究阐释，推动重要论述在工会系统和广大职工中落地生根。深入开展“永远跟党走、奋进新征程”、“喜迎二十大、建功新时代”等系列宣传教育活动，培育和践行社会主义核心价值观，“中国梦·劳动美”的价值引领深入基层、扎根职工。大力弘扬劳模精神、劳动精神、工匠精神，组织劳模、工匠人才进校园、进企业，发布全国“最美职工”、“大国工匠年度人物”，努力营造劳动光荣的社会风尚和精益求精的敬业风气。加强重点领域重点群体职工思想政治工作，创新工作方式方法，强化网上思想引领，推动思想政治工作传统优势与信息技术深度融合，加强对职工的人文关怀和心理疏导，建设健康文明、昂扬向上、全员参与的职工文化。

全面建设社会主义现代化国家，是一项伟大而艰巨的事业，前途光明，任重道远，更加需要坚定信念、鼓舞斗志，更加需要同心同德、团结奋斗。新征程上，工会必须牢记“三个务必”，牢牢把握团结奋斗的时代要求，把巩固团结奋斗的共同思想基础作为思想政治引领的重要内容，不断创新职工思想政治工作，引导广大职工坚定中国特色社会主义道路自信、理论自信、制度自信、文化自信，不断增强对中国共产党领导和中国特色社会主义制度的政治认同、思想认同、情感认同，自觉把人生理想、家庭幸福融入国家富强、民族复兴的伟业之中，更加紧密地团结在以习近平同志为核心的党中央周围，坚定不移听党话、矢志不渝跟党走，为实现党的二十大确定的目标任务团结奋斗。

贯彻党的全心全意依靠工人阶级方针，组织动员亿万职工在新征程上建功立业

党的二十大报告指出，从现在起，中国共产党的中心任务就是团结带领全国各族人民全面建成社会主义现代化强国、实现第二个百年奋斗目标，以中国式现代化全面推进中华民族伟大复兴。这是站在历史和时代的高度，全面把握党和国家事业发展新要求、人民群众新期待，向全党全国各族人民发出的动员令。

习近平总书记强调，工人阶级是我国的领导阶级，是我国先进生产力和生产关系的代表，是我们党最坚实最可靠的阶级基础。我国工会是中国共产党领导的工人阶级群众组织，团结动员广大职工群众为实现党在不同历史时期确立的纲领、目标和中心任务而努力奋斗是工会的重要使命。新民主主义革命时期，工会按照党确立的符合当时形势的工运策略和活动方式，提高工人阶级的政治觉悟，动员工人群众开展各种形式的斗争，团结动员广大职工为实现民族独立、人民解放而奋斗；社会主义革命和建设时期，工会动员带领广大工人坚决响应党的号召，焕发国家主人翁精神，为建立和巩固人民当家作主的新政权、建立独立的比较完整的工业体系和国民经济体系而奋斗；改革开放和社会主义现代化建设新时期，工会坚持围绕中心、服务大局，团结动员广大职工为坚持和发展中国特色

社会主义而奋斗。

党的十八大以来，全总和各级工会围绕国家重大战略、重大工程、重大项目、重点产业，组织职工广泛深入持久开展多种形式的主题劳动和技能竞赛，开展“小发明、小创造、小革新、小设计、小建议”等群众性创新活动；加强劳模、工匠和职工学习阵地建设，示范带动创建各级各类创新工作室8万多家；成功举办首届大国工匠创新交流大会，习近平总书记向大会致贺信；推荐多名一线工人获得国家科技进步奖，职工创新创造活力显著提升。扎实推进产业工人队伍建设改革，成立推进产业工人队伍建设改革工作领导小组，产业工人思想引领、建功立业、素质提升、地位提高、队伍壮大等改革措施有效落实，改革取得重要阶段性成效，产业工人在推进高质量发展中的主力军作用更加突出。

党的二十大擘画了以中国式现代化推进中华民族伟大复兴的宏伟蓝图，把宏伟蓝图变成美好现实，根本上要靠包括工人阶级在内的全体人民的劳动、创造、奉献。新征程上，工会必须牢牢把握为实现中华民族伟大复兴的中国梦而奋斗的我国工人运动时代主题，充分发挥工人阶级主力军作用，团结动员亿万职工为推进中国式现代化建功立业。围绕建设教育强国、科技强国、人才强国，深化产业工人队伍建设改革，抓好抓实职工素质提升工作，加快构建产业工人技能形成体系，推动健全落实高技能人才培养、使用、评价、激励、保障机制，畅通技能人才流动渠道，努力建设一支宏大的知识型、技能型、创新型产业工人大军，为推进中国式现代化提供坚实人才和技能支撑。

坚持以人民为中心的发展思想，扎实做好工会维权服务工作

党的二十大报告通篇贯穿人民至上的根本立场和以人民为中心的发展思想，强调“江山就是人民，人民就是江山”，强调“为民造福是立党为公、执政为民的本质要求”，对“增进民生福祉，提高人民生活品质”作出安排部署，充分体现了以习近平同志为核心的党中央矢志不渝、坚守初心的政治本色和深厚为民情怀，体现了我国社会主义制度的本质和优越性，顺应了历史发展大势和人民群众期盼。

习近平总书记指出，我们党的根本宗旨就是为人民群众办好事，为人民群众幸福生活拼搏、奉献、服务；要想人民之所想，行人民之所嘱，不断把人民对美好生活的向往变为现实；工会要认真履行维护职工合法权益、竭诚服务职工群众的基本职责，把服务职工、维护职工合法权益的大旗牢牢掌握在手中，哪里的职工合法权益受到侵害，哪里的工会就要站出来说话。扎实做好维权服务工作，是工会落实以人民为中心的发展思想、践行全心全意为人民服务根本宗旨的必然要求。

党的十八大以来，全总和各级工会认真履行基本职责，推动修改《中华人民共和国工会法》、《中国工会章程》，将工会基本职责拓展为“维护职工合法权益、竭诚服务职工群众”。助力落实“六稳”、“六保”任务，深入细致做好职工就业创业服务，推动就业优先战略和积极就业政策落实落地。以货车司机、网约车司机、快递员、外卖配送员等为重点，出台推进新就业形态劳动者建会入会和权益保障工作的指导性文件，大力推行“重点建、行业建、兜底建”模式，推进互联网百强企业建会，2021年度全国互联网百强企业全部实现建会突破，工会组织覆盖和工作覆盖取得阶段性进展，推动解决了一批新就业形态劳动者的急难愁盼问题。做优做强送温暖、金秋助学、阳光就业、职工医疗互助、工会法律援助等工作，开展提升职工生活品质试点，将20家工会帮扶中心和50家企业（工业园区）纳入全总试点单位，各省（区、市）和新疆生产建设兵团总工会开展省级试点。加强服务职工阵地建设，建设“劳动者港湾”、“爱心驿站”等工会户外劳动者服务站点10.58万个，累计投入资金18.66亿元。将城市困难职工解困脱困作为重点工作，主动融入党政工作大盘子，通过建档立卡、精准施策、强化评估、压实责任等具体举措，推动549.87万户困难职工家庭全部如期实现解困脱困。贯彻落实党中央国务院《关于构建和谐劳动关系的意见》，推动健全党政主导的维权服务机制，努力把劳动关系矛盾化解在基层、化解在萌芽状态。贯彻总体国家安全观，坚决维护劳动领域政治安全，加强相关工作体系建设，健全劳动关系风险监测、分析、研判、预防机制和职工队伍稳定风险排查化解机制，促进职工队伍团结统一与社会和谐稳定。

党的二十大对保障和改善民生、扎实推进共同富裕作出重要部署，为工会围绕中心、服务大局，履行好维权服务基本职责提供了重要契机。新征程上，工会必须始终坚持以职工为中心的工作导向，不断深化自身改革和建设，保持和增强政治性、先进性、群众性，有效发挥党联系职工群众的桥梁纽带作用。积极参与涉及职工切身利益的法律法规政策的制定修改，推动健全劳动法律法规体系。推动落实就业优先政策，推动健全就业促进机制，加强困难群体就业兜底帮扶，推动完善工资平等协商机制、正常增长机制、支付保障机制，健全向一线职工倾斜的分配制度，推动提高劳动报酬在初次分配中的比重，在促进共同富裕中更好发挥工会作用。积极推动完善以职工代表大会为基本形式的企事业单位民主管理制度，依法保障职工知情权、参与权、表达权、监督权，在发展全过程人民民主中保障职工民主政治权利。加快构建以普惠性服务和精准帮扶为重点的工会服务职工体系，着力提升质量和实效。巩固拓展城市困难职工解困脱困成果，推动解困脱困与提升职工生活品质有效衔接，健全困难职工家庭常态化帮扶机制，不断提高职工群众的获得感、幸福感、安全感。增强忧患意识、坚持底线思维，发扬斗争精神、增强斗争本领，密切关注降薪裁员、欠薪欠保、劳资纠纷、生活困难等可能引发的突出风险，积极推进“法院+工会+人社+司法”四方联动机制建设，推动构建和谐劳动关系，在维护企业和社会大局和谐稳定中更好发挥工会组织作用。

党的二十大吹响了新时代新征程奋勇前进的号角。我们要进一步增强学习领会贯彻落实党的二十大精神的自觉性和坚定性，找准工会贯彻落实党的二十大精神的切入点、结合点、着力点，切实把党中央提出的战略部署转化为工会的实际行动，充分展示工会在推进中国特色社会主义事业中的新担当新作为。

（本文系全国人大常委会副委员长、中华全国总工会主席王东明同志在2022年12月16日《求是》杂志发表的署名文章）

目 录

CONTENTS

第一章　工会宣传教育工作概述

宣传思想工作是党的一项极端重要的工作。领导干部要做实干家，也要做宣传家。我们党历来高度重视发挥宣传思想工作的重要作用，团结全党、动员群众、凝聚力量，为实现中华民族伟大复兴的中国梦而努力奋斗。党的十八大以来，以习近平同志为核心的党中央把宣传思想工作摆在全局工作重要位置，作出一系列重大决策，实施一系列重大举措，党的创新理论全面推进，中国特色社会主义和中国梦深入人心，社会主义核心价值观和中华优秀传统文化广泛弘扬，主流思想舆论不断巩固壮大，文化自信得到彰显，国家文化软实力和中华文化影响力大幅提升，全党全社会思想上的团结统一更加巩固。工会宣传教育工作是党的宣传思想工作的重要组成部分，是服务党和国家工作大局、服务工会工作全局、服务工运事业的一项重要工作，在工会组织全面履行社会职能、开展各项工作中，起着重要的先导、促进和保证作用，为工会工作创新发展提供坚强的思想保证、强大的精神力量、丰润的道德滋养。

工会宣传教育工作以习近平新时代中国特色社会主义思想为指导，立足新时代新征程，把围绕中心服务大局和统一思想凝聚力量作为基本职责，把加强职工思想政治引领、引导职工群众听党话跟党走作为中心环节，把用科学的理论武装职工、用先进的文化培育职工、用正确的舆论引导职工、用高尚的精神塑造职工、用优秀的作品鼓舞职工、用真诚的服务赢得职工作为主要任务，唱响主旋律、弘扬正能量、振奋精气神，培养能够担当民族复兴大任的时代新人。

工会宣传教育工作的对象是广大职工群众，主要工作包括：大力宣传习近平新时代中国特色社会主义思想，特别是习近平总书记关于工人阶级和工会工作的重要论述；在广大职工群众中培育和践行社会主义核心价值观，加强和改进新时代职工思想政治工作，积极引导职工群众听党话、跟党走，为实现第二个百年奋斗目标、实现中华民族伟大复兴的中国梦而团结奋斗；组织实施职工素质建设工程，全面提升职工队伍素质；坚持正确的政治方向、价值取向、舆论导向，大力弘扬劳模精神、劳动精神、工匠精神，组织开展“中国梦·劳动美”主题宣传教育，参与支持劳动教育、全民国防教育，积极宣传工人阶级、工会工作和中国特色社会主义工会发展道路；推进先进职工文化建设，不断满足职工群众日益增长的美好生活需要等。

第一节　工会宣传教育工作的地位和作用

工会宣传教育工作关系工会工作全局，具有很强的政治性、思想性、理论性和政策性。

一、工会宣传教育工作的指导思想

党的十八大以来，以习近平同志为核心的党中央采取一系列战略性举措，推进一系列变革性实践，实现一系列突破性进展，取得一系列标志性成果，经受住了来自政治、经济、意识形态、自然界等方面的风险挑战考验，党和国家事业取得历史性成就、发生历史性变革，推动我国迈上全面建设社会主义现代化国家新征程，开辟了治国理政新境界，开创了中国特色社会主义新局面。习近平总书记高度重视宣传思想工作，对宣传思想工作亲自谋划、亲自指导、亲自推动，发表了一系列重要论述，作出了一系列重要指示，深刻阐明了新时代宣传思想工作的一系列方向性、根本性的重大问题，为我们做好工会宣传教育工作指明了方向，提供了根本遵循。工会宣传教育工作要紧密结合工会工作实际，深入学习领会、认真贯彻落实习近平新时代中国特色社会主义思想，特别是习近平总书记关于宣传思想工作的重要思想，指导和推动工会宣传教育工作不断取得新进展。

当前和今后一段时期，工会宣传教育工作的指导思想是：高举中国特色社会主义伟大旗帜，以马克思列宁主义、毛泽东思想、邓小平理论、“三个代表”重要思想、科学发展观、习近平新时代中国特色社会主义思想为指导，着眼全面建成社会主义现代化强国、实现第二个百年奋斗目标，围绕党和国家工作大局及工会工作全局，着力用党的创新理论武装职工，用先进文化培育职工，用正确舆论引导职工，用高尚精神塑造职工，用优秀作品鼓舞职工，用真诚服务赢得职工，为团结动员广大职工投身以中国式现代化推进中华民族伟大复兴的中国梦提供强大的精神动力、舆论环境、智力支持、文化条件和思想保证。

二、工会宣传教育工作的地位

工人阶级是先进生产力和先进生产关系的代表，是我们党最坚实最可靠的阶级基础，是国家的领导阶级。中国工会是中国共产党领导的职工自愿结合的工人阶级群众组织，是党联系职工群众的桥梁和纽带，是国家政权的重要社会支柱，是会员和职工利益的代表。工会通过宣传教育工作，教育引导职工不断提高思想道德素质和科学文化素质，建设有理想、有道德、有文化、有纪律的职工队伍。工会宣传教育工作坚持巩固马克思主义在意识形态领域的指导地位，巩固职工队伍团结奋斗的共同思想基础，把职工群众更加紧密地团结在党的周围，全面提高职工队伍素质，推动建设宏大的知识型、技能型、创新型劳动者大军，充分激发广大职工的劳动热情、创造潜能，为实现第二个百年奋斗目标、实现中华民族伟大复兴的中国梦建功立业。

三、工会宣传教育工作的作用

（一）做好新时代工会宣传教育工作，有利于巩固马克思主义在意识形态领域的指导地位，巩固职工群众团结奋斗的共同思想基础，深刻领悟“两个确立”的决定性意义，不断增强“四个意识”、坚定“四个自信”、做到“两个维护”，推动党的全心全意依靠工人阶级方针贯彻落实

职工群众的理想信念、精神状态和人心所向，直接关系中国特色社会主义事业的成败。面对不断发展变化的国际国内形势，工会宣传教育工作坚持团结稳定鼓劲、坚持正面宣传为主，用马克思列宁主义、毛泽东思想、邓小平理论、“三个代表”重要思想、科学发展观、习近平新时代中国特色社会主义思想武装广大职工头脑，在广大职工中大力宣传党的理论和路线方针政策，大力宣传党的全心全意依靠工人阶级方针，大力宣传以习近平同志为核心的党中央对工人阶级的高度重视、对工会工作的殷切期望、对广大职工的关怀关爱，大力宣传劳模精神、劳动精神、工匠精神，大力宣传中国特色社会主义工会发展道路以及工会工作取得的成就，积极培育和践行社会主义核心价值观，不断壮大主流思想舆论，对职工关心的重大理论和现实问题进行解疑释惑，教育引导广大职工牢固树立正确的世界观、人生观和价值观，坚定马克思主义信仰，坚定中国特色社会主义信念，自觉站在改革前列，支持党和政府的各项改革发展措施，正确认识和处理个人利益与集体利益、局部利益与整体利益、当前利益与长远利益的关系，最大限度地把职工群众团结

和凝聚在党的周围，坚定不移听党话、跟党走。

（二）做好新时代工会宣传教育工作，有利于进一步贯彻落实新发展理念，团结动员广大职工为实现第二个百年奋斗目标、实现中华民族伟大复兴的中国梦建功立业

当代中国工人运动的时代主题，是为实现中华民族伟大复兴的中国梦而奋斗。发展是解决我国一切问题的基础和关键，发展必须是科学发展，必须坚定不移贯彻创新、协调、绿色、开放、共享的新发展理念。新发展理念是针对我国经济发展进入新常态，针对我国发展面临的突出问题和挑战提出来的战略指引，是关系我国发展全局的一场深刻变革。必须充分发挥工会宣传教育工作的重要作用，不断提高职工的学习能力、创新能力、竞争能力和创业能力，全面提高职工队伍整体素质。深化产业工人队伍建设改革，努力建设高素质职工队伍，激发广大职工的聪明才智和创造活力，在实施科教兴国战略、人才强国战略、创新驱动发展战略中更好地发挥工人阶级主力军作用，为实现第二个百年奋斗目标、实现中华民族伟大复兴的中国梦贡献力量。

（三）做好新时代工会宣传教育工作，有利于保持和发展工人阶级的先进性，扩大党的阶级基础和群众基础，巩固党的执政地位

工人阶级是我们党最坚实最可靠的阶级基础，是坚持和发展中国特色社会主义的主力军。在革命、建设、改革各个历史时期，工人阶级最鲜明的特点、最优良的传统就是紧跟党的步伐、听从党的指挥、走在时代的前列。随着改革开放和现代化建设的不断深入、中国特色社会主义进入新时代，我国社会经济成分、组织形式、就业方式和分配方式日益多样化，职工队伍不断发展壮大，内部结构也发生了深刻变化。面对党执政条件和社会环境的深刻变化，必须充分发挥工会宣传教育工作的

作用，大力宣传工人阶级的伟大历史贡献，弘扬劳动光荣、知识崇高、人才宝贵、创造伟大的时代新风，不断增强职工群众的政治意识、大局意识、核心意识、看齐意识，积极引导广大职工进一步认清工人阶级肩负的历史使命，增强主动性、发挥创造性、发展先进性，更好地扩大党的阶级基础和群众基础，巩固党的执政地位。

（四）做好新时代工会宣传教育工作，有利于更好地维护职工的精神文化权益，不断增强工会组织的吸引力、凝聚力、战斗力

工会宣传教育工作是工会工作的重要组成部分，也是工会履行维护职能的有力保障和重要体现。工会坚持全面履行各项社会职能，突出维护职能，坚持维护职工经济、政治、文化和社会权益的统一，促进广大职工共享改革发展成果。工会宣传教育工作，通过推出更多政治性、思想性、艺术性相统一的优秀精神文化产品，为广大职工提供更多更好的文化产品和文化服务，把丰富职工群众的精神文化生活，维护职工群众的学习权、发展权及其他精神文化权益贯穿于推动改革、促进发展、积极参与、大力帮扶的全过程，打造健康文明、昂扬向上、全员参与的职工文化，努力满足职工群众不断增长的美好生活需要，保障职工群众的精神文化权益，让发展成果更多、更公平地惠及职工群众，不断增强工会组织的吸引力、凝聚力、战斗力，把工会“职工之家”和“娘家人”的称号做得更加名副其实。

第二节　工会宣传教育工作的主要任务和方式方法

新时代开展工会宣传教育工作，必须坚持服从服务于党和

国家工作大局以及工会工作全局，坚持走中国特色社会主义工会发展道路，善于把握形势任务的发展变化，坚持守正创新、开拓进取，努力构建工会大宣传、大教育、大文化的工作格局。

一、工会宣传教育工作的主要任务

工会宣传教育工作是党的宣传思想工作的重要组成部分，要紧紧围绕团结引领广大职工为实现中华民族伟大复兴的中国梦而奋斗的工运时代主题主线，坚持党的领导，坚持和发展中国特色社会主义，坚定不移地走中国特色社会主义工会发展道路，广泛开展“中国梦·劳动美”主题宣传教育，在广大职工中培育和践行社会主义核心价值观，加强职工思想政治工作和工会意识形态工作，为实现第二个百年奋斗目标、实现中华民族伟大复兴的中国梦提供强大的精神支撑，巩固职工群众团结奋斗的共同思想基础；全面提高职工队伍整体素质，适应我国经济已由高速增长阶段转向高质量发展阶段的要求，努力造就一支有理想守信念、懂技术会创新、敢担当讲奉献的宏大产业工人队伍；大力宣传工人阶级和工会工作，大力弘扬劳模精神、劳动精神、工匠精神，充分发挥劳模工匠的示范引领作用，加强工会新闻发言人制度建设，为工会工作营造良好的社会舆论环境；发展先进职工文化，开展丰富多彩的职工文化体育活动，打造“工”字系列文化品牌，维护职工精神文化权益，不断满足职工群众日益增长的美好生活需要。面对新形势新任务，工会宣传教育工作必须与时俱进，在继承和发扬优良传统的基础上锐意创新，进一步创新工作内容，拓展工作对象，拓宽工作渠道，努力使工会宣传教育工作在工会全局工作中发挥更大的作用。

（一）提高职工思想政治素质，为团结动员广大职工积极投身中国式现代化建设提供强大的精神动力

1. 深入抓好习近平新时代中国特色社会主义思想的学习宣传贯彻。

深刻理解习近平新时代中国特色社会主义思想的世界观和方法论，坚持好、运用好贯穿其中的立场观点方法，以理论上的清醒保持政治上的坚定，自觉做习近平新时代中国特色社会主义思想的坚定信仰者和忠实实践者。建立健全常态化学习机制，运用专家辅导、劳模宣讲、演讲比赛、知识竞赛、阅读诵读、主题征文、网络互动等职工易于接受、乐于参与的方式，用职工喜欢熟悉的语言体系，结合身边人、身边事，用“小故事”讲述“大道理”。深入工厂车间、生产一线、发展前沿开展宣传宣讲，讲好新时代的原创性思想、变革性实践、突破性进展、标志性成果，讲足伟大成就、讲明发展前景，不断增强政治认同、思想认同、理论认同、情感认同。

2. 巩固拓展党史学习教育成果。

推动党史学习教育常态化长效化开展，加强工运史学习，大力宣传我们党百年奋斗取得的伟大成就和宝贵经验，大力宣传新时代中国共产党的历史使命和光明前景，大力宣传党的领导和我国社会主义制度的巨大优越性，大力宣传工人阶级在党的百年奋斗历程中作出的突出贡献，引导广大职工群众从“中国之治”与“西方之乱”的鲜明对比中，深刻认识中国共产党为什么能、马克思主义为什么行、中国特色社会主义为什么好，不断增强道路自信、理论自信、制度自信、文化自信。

3. 大力弘扬劳模精神、劳动精神、工匠精神。

坚持把弘扬劳模精神、劳动精神、工匠精神作为新时代职工思想政治工作的鲜明导向和突出特色，注重基层一线，关注传统行业和新业态领域，选树培养职工看得见、摸得着、学得

上的先进典型，发挥其示范引领和鼓舞激励的作用。加强职工思想教育阵地建设，办好用好工会报刊、网站、工人文化宫、职工院校、职工书屋、工运纪念设施、劳模公园等阵地，讲好党领导下的红色工运故事、工人阶级奋斗故事，讲好故事背后的精神价值。擦亮"劳模"、"工匠"金字招牌，加快培育、选树宣传一批在全国有影响力、在行业有号召力的领军型劳模，打造新时代劳动者的标杆旗帜。深入开展"大国工匠进校园"、"劳模进校园"、"奋斗的我·最美的国"新时代先进人物进校园活动。

4. 做大做强新闻舆论宣传。

坚持团结稳定鼓劲、正面宣传为主，把握好时度效。坚持内容为王、质量第一，努力推出更多有思想、有温度、有品质的新闻报道。创新方式方法，突出融媒体传播，善于用小切口呈现大主题，小故事反映大变化，小视角折射大时代，见人见事见精神。用好新闻发布会、记者见面会、走基层采访等形式，推动传统媒体与新媒体深度融合发展。提高新闻策划和舆论引导能力，善于借助各方媒体力量，把职工群众思想政治引领融入主题宣传、形势宣传、政策宣传、成就宣传、典型宣传，大力宣传以习近平同志为核心的党中央对广大职工群众的关心关爱，深入宣传广大职工群众凝心聚力、建功立业的火热实践，广泛宣传工会服务广大职工、参与改革创新的积极作为，讲好中国故事、中国工人阶级故事、中国工会故事。

5. 打造健康文明、昂扬向上、全员参与的职工文化。

坚持寓教于乐、以文化人，把思想政治工作融入群众性文化体育活动之中，让活动开展过程成为思想政治引领过程。深化"工"字系列职工文化特色品牌培育，丰富思想内容，创新形式手段。组织文艺工作者深入基层一线开展采风创作和演出活动，挖掘和推广一批职工文化项目，推出一批思想艺术性强、社会影响大、群众口碑好的精品力作。发挥工会专业文艺团体以及专业文化人才的示范带动作用，加强对基层文艺团体的业务指导和队伍培训，打造一支专兼结合的职工文艺骨干队伍。

6. 加强网上思想政治引领。

适应新一代互联网信息技术发展迅猛、媒体格局和舆论生态重塑加快、职工群众网络化生存趋势明显的新形势新特点，坚持走好网上群众路线，着眼新时代职工群众特别是青年职工精神文化需求的新变化，为职工群众提供精准化、订单式、多层次服务，构建职工群众网上精神家园。深入了解不同行业、不同群体的思想状况和心理特点，加强网上互动交流，注重了解和分析新就业形态劳动者、农民工、生活困难职工等重点群体的所思所愿，坚持线上线下相结合，健全“网上诉求、线下办理”工作机制，做好职工思想引导和凝聚服务工作。

7. 切实维护劳动领域意识形态安全。

要牢固树立“抓意识形态工作是本职、不抓是失职、抓不好是渎职”的理念，严格落实党委（党组）意识形态工作责任制，强化政治责任、主体责任，做到守土有责、守土负责、守土尽责。强化阵地意识，加强工会报刊、网站、“三微一端”、出版社、院校、文艺团体、工人文化宫、职工书屋、红色工运资源等意识形态阵地建设和管理。完善网上舆情监测、研判、处置机制，紧盯网络舆情热点，及时发布权威信息，遏制网络谣言传播，占领网上舆论主阵地。对涉劳涉工的模糊认识和错误言论，积极主动开展辨析批驳，敢于发声亮剑，主动设置议题，有效引导舆论，牢牢掌握意识形态工作的领导权、主动权、话语权。高度警惕敌对势力借助所谓“维权”对我国劳动领域插手煽动、渗透破坏，紧扣“五个不发生”目标任务，一手抓防范化解，一手抓引领构建，着力推动构建和谐劳动关系，推动“五个坚决”要求落实落地。

8. 加强职工职业道德建设。

1994 年，为推动职工职业道德建设，全国总工会和国家经贸委联合下发《关于加强社会主义职业道德建设的意见》，成立了全国职工职业道德建设领导小组。从 1995 年开始，开展全国职工职业道德建设“十佳单位”和“十佳标兵”（简称“双十佳”）的评选表彰活动。目前，全国职工职业道德建设指导协调小组成员单位包括：全国总工会、中央宣传部、中央文明办、工业和信息化部、商务部、国务院国资委，小组办公室设在全国总工会宣传教育部。评选表彰活动已成为在全社会特别是广大职工群众中具有较大影响的活动，对于弘扬工人阶级伟大品格和劳模精神、劳动精神、工匠精神，推动社会主义核心价值观融入企业和广大职工的生产实践，强化敬业奉献精神，带动社会公德、家庭美德和个人品德建设，促进全社会道德水平的提高发挥了积极作用。

9. 广泛开展职工精神文明创建活动。

群众性精神文明创建活动，是对职工群众进行思想教育、提高社会文明程度的有效途径，是新时代开展宣传教育工作的重要载体。积极配合中央宣传部、中央文明办等有关部门，充分发挥中国志愿服务联合会职工委员会的作用，在职工中广泛开展岗位学雷锋职工志愿服务活动等群众性精神文明创建活动，组织“最美职工”评选，推动“全国职工拒绝毒品‘零计划’行动”不断深入，吸引职工群众广泛参与，使职工在参与中实现自我教育、自我管理、自我服务，不断提高职工的思想道德素质和文明程度。

10. 坚持在解决实际问题中解决思想问题。

顺应职工群众日益增长的美好生活需要，围绕就业创业、劳动报酬、休息休假、社会保险、职业安全等职工群众关心关注的实际问题，找准服务项目，丰富服务内容，努力为广大职工群众提供普惠性、常态性、精准性服务。重视新冠肺炎疫情对劳动关系的冲击、对职工群众权益的影响，进一步加大维权服务力度，帮助职工群众解决急难愁盼问题，让职工群众在参与中受教育、得实惠、更有获得感。注重人文关怀和心理疏导，把心理健康服务与困难帮扶、法律援助、志愿服务等结合起来，使职工思想政治工作更有味道、更有温度、更有力量。

（二）充分发挥工会“大学校”作用，深入实施全国职工素质建设工程，不断提升职工队伍整体素质

1. 实施全国职工素质建设工程。

充分发挥工会“大学校”作用，把提高职工队伍整体素质作为一项战略任务抓紧抓好，深入实施科教兴国和人才强国战略，培养和造就一支适应时代要求的高素质职工队伍。全面贯彻落实《中华全国总工会关于全面实施职工素质建设工程的意见》和《全国职工素质建设工程五年规划（2021—2025年）》，到2025年，习近平新时代中国特色社会主义思想更加深入人心，广大职工践行社会主义核心价值观的自觉性不断加强，终身学习支撑保障更加有力，技能培训体系更加健全，教育培训效果更加显著，思想道德、科学文化、技术技能、民主法治、健康安全、社会文明素质明显提高，造就一支有理想守信念、懂技术会创新、敢担当讲奉献的宏大产业工人队伍。

2. 从制度上保证职工参加学习培训权利的落实。

贯彻落实国家有关职工教育的法律法规和政策，推动企业将加强职工技能培训工作和监督，保证培训经费使用纳入职代会、厂务公开、集体合同工作之中，督促基层单位按规定制订和落实职工教育培训计划和各项保障措施，进一步加大对职工教育和职业培训的投入，切实推进行业、企业职工培训工作，最大限度地满足职工的各种学习需求。在广大职工中倡导终身学习的理念，营造浓厚的学习氛围和有利于职工成才的机制和

环境。开展农民工“求学圆梦行动”，激发广大职工特别是农民工参加学习的积极性，增强广大职工的学习能力、创新能力、竞争能力和创业能力，鼓励职工立足本职，学赶先进，争创一流。

3. 充分发挥各类职工学校的重要作用。

坚持面向职工、面向市场，推进工会各类职工学校的改革与发展，有计划、有重点地扶持和建设一批具有较高水平、深受广大职工欢迎的示范性职工教育阵地，为职工的学习培训、提高素质创造良好条件，提供优质服务。充分利用各种社会教育资源，积极推动政府有关培训、考核、评聘制度和用人机制的建立与完善，从源头上维护职工的学习权、发展权。

4. 积极参与支持劳动教育。

劳动教育是新时代党对教育的新要求，是中国特色社会主义教育制度的重要内容，是全面发展教育体系的重要内容，是大中小学必须开展的教育活动。《中共中央 国务院关于全面加强新时代大中小学劳动教育的意见》明确提出，在大中小学设立劳动教育必修课程，系统加强劳动教育，并要求工会、共青团、妇联等群团组织要组织动员相关力量、搭建活动平台，积极支持劳动教育。中国工会与广大劳动人民联系最为紧密，掌握的劳动教育资源也非常丰富，协助开展劳动教育具有得天独厚的优势，是新时代发挥工会作用、提高工会地位、促进工会发展的一项非常有意义的工作。要大力宣传宣扬劳模精神、劳动精神、工匠精神，促进全心全意依靠工人阶级方针走进青少年心灵，强化其对职工群众的感情认同，在广大青少年中形成尊崇劳动的心理自觉。积极主动参与教学，发挥工会自身职能及链接企业工厂、职工群众的优势，为广大青少年提供开展劳动教育的服务和实践课堂，不断提高广大青少年的实践能力。

5. 积极参与支持开展全民国防教育。

全民国防教育是党的宣传思想工作的重要组成部分，是弘扬爱国主义精神、增强全民国防意识的有效途径。工会要以习近平总书记关于加强全民国防教育的重要指示精神为指导，着眼党和国家工作大局，结合“中国梦·劳动美”主题宣传教育活动，弘扬民族精神和时代精神，加强爱国主义、集体主义和社会主义教育，引导广大职工群众树立正确的国家安全观。强化领导干部和青年职工的国防教育，组织工会各级领导干部进行国防教育专题培训，把国防教育列入党委（党组）理论学习中心组学习计划，采取灵活多样的形式将青年职工的国防教育搞扎实。丰富国防教育实践载体，充分挖掘工会红色资源，依托工人文化宫、各地工运史馆、劳模纪念馆等，打造国防教育窗口。发挥工会新闻媒体作用，在“七一”、“八一”、“十一”等政治性节日，加大国防教育宣传比重，强化职工群众关心国防、热爱国防、建设国防、保卫国防的意识。

（三）坚持正确的舆论导向，大力宣传工人阶级和工会工作，大力弘扬劳模精神、劳动精神、工匠精神，加强工会新闻发言人制度建设，为工会工作营造良好的社会舆论环境

1. 大力宣传工人阶级和工会工作。

紧紧围绕党和国家工作大局以及工会工作全局，坚持凝神聚焦发力、团结稳定鼓劲，大力宣传党中央对工人阶级的关怀和对工会工作的重视，深入宣传党的全心全意依靠工人阶级的方针，广泛宣传工人阶级的丰功伟绩，大力弘扬中国工人阶级伟大品格和劳模精神、劳动精神、工匠精神，宣传工会作为党和政府联系职工群众的桥梁和纽带、国家政权重要社会支柱、职工利益代表者和维护者的重要作用，宣传工会服务党和国家大局、竭诚服务职工的重要举措和成效。围绕工会重要文件、重点工作、重要会议和活动，及时发布工会重要信息，及时报

道各级工会组织的工作和成绩，推动形成“劳动光荣、技能宝贵、创造伟大”的浓厚氛围，为工会工作营造良好的舆论环境。

2. 叫响做实“大国工匠”品牌。

2015 年“五一”以来，全国总工会与中央电视台深度合作推出《大国工匠》系列报道，连续推出了九季《大国工匠》节目。2016 年国庆期间，中央宣传部、全国总工会、中央电视台联合推出了八集新闻专题片《大国工匠》。2018 年起，全国总工会每年与中央广播电视总台联合推出“大国工匠年度人物”，通过讲述我国一线技术工人匠心筑梦的典型故事，弘扬工匠精神，礼赞劳动创造，生动展示了大国工匠这一新时期我国工人阶级的群体形象，在全社会特别是广大职工群众中引起了强烈反响。工会宣传教育工作要以推进新时期产业工人队伍建设改革为契机，在广大职工中广泛开展“身边的大国工匠”推荐学习活动，加强与中央宣传部、中央网信办等有关部委和中央电视台、人民日报等主流媒体的合作，发挥工会媒体主阵地作用，大力弘扬工匠精神，浓墨重彩讲述大国工匠故事，展示大国工匠鼓舞人心的时代力量，进一步叫响做实“大国工匠”品牌。

3. 加强工会新闻宣传和新闻发言人制度建设。

加强工会新闻宣传和新闻发言人制度建设，积极协调有关方面共同做好新时代工人阶级和工会工作的宣传，努力构建全方位、多层次、多形式，传统媒体与新媒体融合互动的工会新闻宣传格局。2015 年，全国总工会制定了《关于建立健全工会新闻发言人制度的办法》，要求设立工会新闻发言人，明确了工会新闻发言人的职责、流程和发布内容，进一步加强了工会新闻发布工作。工会新闻发言人代表本级工会对外发布新闻，重点宣传中央出台的一系列重大决策部署，特别是涉及职工权益的重大方针政策，结合职工群众实际，做好宣传阐释工作，形成正确舆论导向；宣传工会的重点工作和重要主张，及时回应涉及工会和职工的社会热点，主动、准确发布信息，维护职工群众合法权益，促进社会和谐稳定；按照“及时准确、公开透明、有序开放、有效管理、正确引导”的原则，稳妥慎重、及时权威发布涉及工会和职工的突发事件信息，做到全面准确表述、适时适度发声，有效引导舆论导向，为妥善处置突发事件营造良好的舆论环境。

在制度建设方面，全国总工会新闻中心建立和完善了五项制度：一是沟通制度，定期不定期地了解各部门各单位对新闻宣传工作的需求和重点工作的成效；二是季度新闻发布会制度，每季度初向中央新闻媒体通报本季度工会将要重点宣传报道的工作；三是重要工作和重大活动新闻发布会制度；四是季度宣传要点通报制度，向全国总工会各有关单位和各省（区、市）通报本季度工会将要重点宣传报道的工作；五是同中央主要媒体座谈会制度。

4. 加强统筹协调，形成宣传合力。

工会宣传教育工作要善于依势借力，自觉在党委的领导下，主动争取党委宣传文化部门的指导和支持，加强沟通协调，以获得更多的资源和手段来开展工作。中央及地方主流媒体是工会组织开展宣传工作的重要阵地，要积极争取中央和地方主流媒体对工会新闻宣传工作的支持，力求让主流媒体更多、更集中、更深入地宣传工会重点工作取得的新进展、新成效。工人日报、中国工人出版社、中工网、《中国工人》杂志和地方工人报刊、网站是党和国家新闻出版事业的重要组成部分，是工会组织舆论宣传的主阵地，工会系统微博、微信、微视频和客户端（“三微一端”）等新媒体是工会开展宣传工作的新兴载体。要积极稳妥地推进工人报刊的改革发展，努力提高工人报刊的办报质量，扩大影响力。充分发挥出版工作的舆论宣传阵地作用，反映新时代工人阶级状况和工会工作，讲好中国故事、中国工人阶级故事、中国工会故事。利用好网络、手机等新型传播渠道，加强策划，把更多的镜头、话筒对准工人阶级，把更多的版面、时段留给劳动模范和先进人物，通过典型宣传、热点引导、舆论监督等方式，提高工会新闻宣传舆论工作水平，增强宣传实效。

（四）打造健康文明、昂扬向上、全员参与的职工文化，丰富职工精神文化生活，不断满足广大职工群众精神文化需求

1. 加强职工文化建设。

职工文化是组织内部职工在长期实践中所形成并传承的职工价值理念、行为方式和精神风貌以及与此相适应的各种活动。职工文化建设要突出政治性原则，充分发挥职工文化的思想引领作用；突出群众性原则，努力增强职工文化的吸引力；突出时代性原则，不断加强职工文化建设的创新。要加强调查研究，及时了解职工群众的精神文化需求，深入研究职工文化建设的途径和方式方法，推动形成党政重视支持、工会牵头组织、职工积极参与的职工文化建设格局。要充分利用各种社会资源，推动实现“六个一批”的职工文化建设目标，即在广大职工中培育一批职工文化业余骨干队伍，建设一批职工文化示范阵地，确定一批职工文化艺术创作培训基地，推出一批职工文化艺术品牌，打造一批文化艺术精品，树立一批先进典型，打造特色“工”字文化。要发挥好示范引导作用，突出“中国梦·劳动美”主题，做优做强“五一”特别节目、全国职工系列文体活动、“中国职工艺术节”、“作家艺术家深入职工创作实践活动”等职工文化品牌，鼓励各级工会和工会院校创新开展职工文化工作；搭建职工群众便于参与、乐于展示的活动平台，以职工生产生活为原型，以职工群众为主角，将社会主义核心价值观艺术地融入广大职工喜闻乐见的文化活动中，推动职工文化建设。

2. 推进工会文化阵地改革发展。

积极稳妥推进工人文化宫（俱乐部）、职工书屋、职工活动中心等工会文化阵地的改革和发展，坚持把社会效益放在首位，努力实现社会效益和经济效益的统一。以体制和机制创新为重点，把满足职工群众日益增长的美好生活需要作为工作出发点和落脚点，推动各级工会在资金、人力、设施等方面给予积极扶持；推动各级工会根据本地区的特点，建立健全科学的考核评价体系，坚持社会公益性定位，加强对职工文化建设阵地的考核检查和指导服务；推动各级工会利用职工文化阵地，加强对职工文化建设成果的宣传和展示，积极运用互联网和新媒体推进职工文化建设，不断提高职工群众的文化欣赏水平。

3. 充分发挥各类职工文化体育协会的作用。

发挥各类职工文化体育协会的作用，运用协会自愿结合、方式灵活、市场运作、讲究实效的特点，为职工群众提供更多适应市场需求的文化产品和文化服务。培养职工文化体育积极分子队伍，广泛动员社会力量，内外结合、上下联动，逐步建立和完善依托工会领导机关对下进行职工文化建设宏观指导、依托社会力量按照市场机制组织大型文体活动的工作机制和运作方式，促进工会文化体育事业整体功能的发挥。

（五）建设一支“忠诚党的事业、竭诚服务职工”的工会宣传教育干部队伍，为做好新时代工会宣传教育工作提供坚强的组织保证

做好新时代工会宣传教育工作，关键在于建设一支高素质的工会宣传教育干部队伍。习近平总书记深刻指出，担任宣传思想部门领导工作的，除政治上可靠之外，总是需要在理论上、笔头上、口才上或其他专长上有“几把刷子”。各级工会宣传教育干部要加强学习、注重实践，进一步提升素质。

1. 思想建设。

工会宣传教育工作是一项政治性很强的工作，直接影响到党和国家工作大局以及工会工作全局。工会宣传教育干部要具有坚定的政治立场，具有很强的政治判断力、政治领悟力、政治执行力，始终胸怀“国之大者”，认真学习贯彻习近平新时代中国特色社会主义思想，特别是习近平总书记关于宣传思想工作的重要思想、关于工人阶级和工会工作的重要论述，牢固树立团结引领广大职工群众听党话、跟党走的政治自觉。

2. 能力建设。

随着工会宣传教育工作的领域更加广阔、对象更加复杂、内容更加丰富、方式更加多样、任务更加繁重，工会宣传教育干部要不断加强政策理论和业务知识学习，加强调查研究，进一步提高运用马克思主义立场观点方法分析问题、解决问题的能力，提高科学分析形势、驾驭复杂局面和应对突发事件的能力，提高运用现代科技和法律手段做好工作的能力以及推进工作观念创新、体制机制创新和方式方法创新的能力，做到本领过硬，能说、能写、能干。要有很强的政治敏锐性，善于把握社会发展趋势，认真研究工会宣传教育的特点规律，能够见微知著，具有长远眼光和战略思维，善于从发展的角度思考和处理问题。

3. 作风建设。

工会宣传教育干部要做到作风过硬，按照“三严三实”的要求，以“严”的标准、“实”的态度抓好作风建设。牢固树立马克思主义群众观点，扎实做好党的群团工作，增进与职工群众的感情，正确看待职工群众的新诉求新期待。要发扬求真务实的工作作风，以对党、对职工群众高度负责的态度，坚持讲真话、报实情、求实效，把职工关注的难点和热点作为工会宣传教育工作的重点，工作落脚点始终放在实现和维护广大职工群众的根本利益上。要以对党和人民的事业高度负责的精神，廉洁自律、淡泊名利、甘于奉献、恪尽职守、脚踏实地、埋头苦干，努力做到与职工群众心心相印、与职工群众同甘共苦、与职工群众团结奋斗，树立工会宣传教育干部的良好形象。

二、工会宣传教育工作的原则及方式方法

（一）坚持正确政治方向

工会宣传教育工作具有意识形态属性和工会工作政治属性的双重属性，一定要牢牢把握正确的政治方向，坚持党性原则，坚持中国共产党领导和中国特色社会主义制度。要从政治上认识和把握工会宣传教育工作，深刻领悟“两个确立”的决定性意义，不断增强“四个意识”、坚定“四个自信”、做到“两个维护”，始终在思想上政治上行动上同以习近平同志为核心的党中央保持高度一致，切实履行好引导广大职工群众听党话、跟党走的政治任务。

（二）坚持围绕中心、服务大局

把围绕中心、服务大局作为工会宣传教育工作的基本职责，胸怀大局、着眼大事，找准工作切入点和着力点，做到因时而动，顺势而为。要深入学习习近平新时代中国特色社会主义思想，特别是习近平总书记关于宣传思想工作的重要思想、关于工人阶级和工会工作的重要论述，结合工会宣传教育工作实际，学习领会，贯彻落实。按照中心工作和全局工作的要求，统一思想、明确思路，加强对国家宏观经济和宣传文化教育政策的研究，从源头上参与涉及职工精神文化权益方面方针、政策、法规等的制定，反映全局性、政策性以及职工密切关注的重大问题，积极参与支持大中小学劳动教育，广泛开展具有工会特色的国防教育，努力在围绕中心和服务大局中发挥好作用。

（三）坚持团结稳定鼓劲、正面宣传为主

在宣传内容上，要大力宣传习近平新时代中国特色社会主义思想，宣传党的理论和路线方针政策；大力宣传党中央对工人阶级的关怀和对工会工作的高度重视，宣传党的全心全意依靠工人阶级的方针；大力弘扬劳模精神、劳动精神、工匠精神；大力宣传工会的重点工作和优秀基层工会干部。在宣传方式上，着力把充分发挥工会系统新闻媒体主阵地作用与积极争取主管部门和主流媒体支持有机结合起来，把加大重要时间节点新闻宣传工作力度与做好日常新闻宣传工作有机结合起来，把用好传统媒体与利用新媒体优势开展工作有机结合起来，把强化工会重大活动和重点工作宣传与做好基层工会工作宣传有机结合起来。

（四）坚持突出重点

随着工会工作的不断创新发展，工会宣传教育工作的领域越来越宽，任务重、头绪多、要求高。面对新形势、新任务、新要求，工会宣传教育工作要坚持有所为有所不为，突出主责主业，着力在思想引领、素质提升、新闻宣传、文化建设、自身建设五大重点任务上下功夫，通过重点工作的突破带动其他工作取得新成效。

（五）坚持虚功实做

要坚持虚实结合，虚功实做。要善于把握大势，把握大局，紧紧围绕党和国家工作大局以及工会工作全局，注意从宏观层面、理论层面来思考和谋划工会宣传教育工作。同时，务虚必须与务实结合起来，虚功一定要实做。要坚持因地制宜，树立品牌意识，依据职工群众不同层次的精神文化需求，精心策划和设计有特色的工作载体与平台，把工会宣传教育工作落到一个个项目上、落到一个个活动上、落到一个个载体上，下气力把重点项目做成精品项目、品牌项目，使工会宣传教育工作落地见效，不断扩大工会宣传教育工作的社会覆盖面和社会影响力。

（六）坚持守正创新

守正创新是做好工会宣传教育工作的不竭源泉和动力。始终坚持正确的政治方向价值取向舆论导向，根据形势任务发展优化工会宣传教育部门的编制结构，争取更多的资源、手段、力量，实现工会宣传教育工作的理念创新、手段创新、基层工作创新。要强化互联网思维，用好用足互联网优势，强化与职工群众的网上互动，以“互联网+”推动工会宣传教育工作创新发展。

（七）坚持借势借力

借势借力是工会宣传教育工作的重要方法。要善于利用党政资源，广泛动员社会力量，调动各方面的积极性，努力形成工会大宣教的工作格局。一要积极争取工会各级领导的重视和支持，这是做好工会宣传教育工作的重要保证。二要加强与党委、政府各有关部门的紧密合作。党委、政府部门资源手段多、权威性强、影响力大，工会宣教部门要主动加强与宣传文化部门、网信部门、财政部门以及作协、文联等的紧密联系与合作，做到事半功倍。三要加强与工会各部门、各产业工会的紧密合作，促进不同部门和单位之间的联系、协调与合作。四要加强与主流媒体和新媒体的合作，通过健全新闻发布会制度、专题工作策划会制度等，加强与主流媒体的联系与沟通。

思考题：

1. 简述做好新时代工会宣传教育工作的重要性。

2. 结合所在单位工会工作的实际，试述工会宣传教育工作的主要任务。

3. 简述开展工会宣传教育工作的原则及方式方法。

第二章　职工思想政治工作

党的十八大以来，习近平总书记就党的宣传思想工作、意识形态工作、工人阶级和工会工作发表系列重要论述，对群团改革作出重要指示，成为新时代职工思想政治工作的根本遵循。2015 年 1 月，中共中央印发《关于加强和改进党的群团工作的意见》。2017 年 4 月，中共中央、国务院首次专门部署产业工人队伍建设改革，并发布《新时期产业工人队伍建设改革方案》，强调要通过教育引导、舆论宣传、文化熏陶等方式，加强对产业工人的思想政治引领，大力弘扬劳模精神、劳动精神、工匠精神，引导产业工人爱岗敬业、甘于奉献，培育健康文明、昂扬向上的职工文化。2019 年，中共中央办公厅、国务院办公厅出台《关于加强和改进新时代产业工人思想政治工作的意见》，从总体要求、主要任务和措施、组织保障三个方面，提出了 16 条具体的指导意见。2021 年，中共中央、国务院发布《关于新时代加强和改进思想政治工作的意见》，深刻阐述了新时代思想政治工作的基本任务、原则和基本要求，为工会做好职工思想政治工作提供了行动指导。

在以习近平同志为核心的党中央坚强领导下，党的理论创新全面推进，中国特色社会主义和中国梦深入人心，社会主义核心价值观和中华优秀传统文化广泛弘扬，职工思想政治工作的顶层设计日趋完善，职工思想道德素质逐步提升，劳动教育得到加强，全社会越来越尊重和重视劳动。

职工思想政治工作是党的思想政治工作的重要组成部分，

是为团结动员广大职工群众积极投身全面建设社会主义现代化国家新征程，夺取新时代中国特色社会主义伟大胜利，实现中华民族伟大复兴中国梦而不懈奋斗提供思想保证和精神动力的一项重要工作。职工思想政治工作包括职工理想信念教育、职工日常思想政治工作、职工职业道德建设、全国工会职工书屋建设和群众性精神文明创建活动等。

第一节　职工思想政治工作的主要任务和方针原则

习近平总书记在2018年10月同全国总工会新一届领导班子成员集体谈话时强调，要加强和改进职工思想政治工作，多做组织群众、宣传群众、教育群众、引导群众的工作，多做统一思想、凝聚人心、化解矛盾、增进感情、激发动力的工作，更好强信心、聚民心、暖人心，使广大职工在理想信念、价值理念、道德观念上紧紧团结在一起。职工思想政治工作，要着眼于以科学的理论武装职工，以正确的舆论引导职工，以高尚的精神塑造职工，以优秀的作品鼓舞职工，在广大职工中培育和践行社会主义核心价值观，不断提高广大职工群众的政治素质和思想道德素质，努力培养有理想、有道德、有文化、有纪律的“四有”职工队伍，保护、调动和发挥广大职工群众投身夺取新时代中国特色社会主义伟大胜利的积极性、主动性和创造性。

一、职工思想政治工作的主要任务

职工群众的理想信念是否坚定、道德情操是否高尚、精神状态是否振奋和人心的向背，直接关系中国特色社会主义事业的成败。改革开放和社会主义市场经济的发展，极大地解放了我国的社会生产力，增强了我国的综合国力，提高了我国的国际地位，振奋了民族精神，显示出中国特色社会主义的巨大生机和活力。同时推动了社会主义民主、自由、平等等许多观念的形成和发展，极大地解放了广大职工的思想，增强了职工的主体意识、人格意识和成才意识，为职工素质的提高和全面发展创造了前所未有的社会环境，为创新型人才的脱颖而出和健康成长提供了广阔的舞台。同时，市场经济活动对人们意识形态的影响也必然反映到职工的思想意识、道德观念、价值观念及人与人之间的关系上，容易诱发自由主义倾向，滋生拜金主义、享乐主义和利己主义。如今，微博、微信、短视频平台等新兴媒体迅猛发展，互联网已经成为当今中国技术创新、服务创新、业态创新最为活跃的领域，对经济转型升级、社会文明进步、社会治理创新、民生福祉改善都产生了深远影响。当前，职工队伍结构发生了新变化，呈现出许多新特点，“80后”、“90后”成为职工队伍主体，“00后”开始加入职工队伍。职工中网民比例已超过80%，年轻职工几乎每天都在“触网”，已经成为一个庞大的网络生活群体。网络在给广大职工带来学习、生活便利的同时，一些不良信息对个人行为方式、人生观、价值观也会带来消极影响。不同群体的利益诉求、价值观呈现多元倾向，各种新思潮不断涌现，意识形态领域斗争依然复杂。因此，充分发挥职工思想政治工作在推动改革、促进发展、维护稳定中的作用，坚持以党的理论武装职工头脑，深入学习贯彻习近平新时代中国特色社会主义思想，团结引领广大职工听党话、跟党走，坚持和发展中国特色社会主义，用创造性的劳动开创自己的幸福生活和美好未来，就显得尤为重要和迫切。越是深化改革、扩大开放，越是发展社会主义市场经济，越要重视和加强职工思想政治工作。

职工思想政治工作的主要任务是：认真研究新时代职工队

伍新变化和职工思想政治工作的新特点，坚持用习近平新时代中国特色社会主义思想武装职工头脑，自觉承担起举旗帜、聚民心、育新人、兴文化、展形象的职责使命，最大限度调动广大职工夺取新时代中国特色社会主义伟大胜利的积极性主动性创造性，最大限度维护社会安定团结，最大限度维护和实现职工群众根本利益，努力把握社会主义市场经济和互联网背景下职工思想政治工作的新特点新要求，有效解决职工群众反映强烈的热点难点问题，创新适合职工群众需要、有利于发挥职工作用的工作方式，为夺取新时代中国特色社会主义伟大胜利提供强有力的精神支撑和思想保证。

二、职工思想政治工作的方针原则

（一）高举中国特色社会主义伟大旗帜，牢固树立中国特色社会主义道路自信、理论自信、制度自信、文化自信

坚持以习近平新时代中国特色社会主义思想为指导，把理想信念教育作为核心内容，在广大职工中坚持不懈地深入开展党的理论、路线、方针、政策和党的历史宣传教育，坚持不懈地开展爱国主义、集体主义、社会主义和艰苦创业精神教育，坚持不懈地开展伟大民族精神和时代精神教育、形势政策和民主法治教育，引导广大职工群众树立坚持和发展中国特色社会主义的共同理想，树立正确的世界观、人生观、价值观，自觉践行社会主义核心价值观，为推进中国特色社会主义事业、实现中华民族伟大复兴的中国梦而团结奋斗。

（二）坚持以人民为中心，为党和国家工作大局以及工会工作全局服务

习近平总书记在2013年同全国劳动模范代表座谈时指出：“工人阶级是我国的领导阶级，是我国先进生产力和生产关系的代表，是我们党最坚实最可靠的阶级基础，是全面建成小康社

会、坚持和发展中国特色社会主义的主力军。”习近平总书记高屋建瓴地回答了新时代中国工人阶级的历史地位和作用。我国经济已由高速增长阶段转向高质量发展阶段，正处在转变发展方式、优化经济结构、转换增长动力的攻关期，建设现代化经济体系是跨越关口的迫切要求和我国发展的战略目标。践行党的群众路线，把广大职工群众对美好生活的向往作为奋斗目标，组织职工、宣传职工、教育职工、服务职工，强信心、聚民心、暖人心、筑同心。全面贯彻党的基本理论、基本路线、基本方略，坚持系统观念，把职工思想政治工作与经济建设和其他各项工作结合起来，为党和国家中心工作提供有力的政治和思想保障。职工思想政治工作必须服务于党和国家工作大局，紧紧围绕经济建设这个中心，围绕工会重点工作，教育引导广大职工群众正确认识到解决中国发展中的问题关键要靠科学发展，从而自觉站在推动改革、促进发展的前列。

（三）坚持从实际出发，加强针对性和实效性

职工思想政治工作应立足于最大限度地保护好、调动好和发挥好广大职工的积极性，面向广大职工，处理好先进性要求同广泛性要求的关系，区分层次，有的放矢，既鼓励先进，又照顾多数，注重教育的针对性和实效性。把宣传教育职工群众同职工群众自我教育结合起来，坚持尊重、理解和关心职工，对于职工的思想认识问题，多做解疑释惑、提高认识、统一思想、凝聚人心的工作。进一步拓展职工思想政治工作的对象，更加关注新的社会群体，特别是非公企业的从业人员和技术人员、受聘于外资企业的管理技术人员、中介组织的从业人员等，通过有针对性地宣传教育和正面引导，动员他们为国家富强、民族复兴、人民幸福贡献力量。

（四）坚持遵循思想政治工作规律，把显性教育与隐性教育、解决思想问题与解决实际问题、广泛覆盖与分类指导结合起来

工会开展职工思想政治工作必须紧贴职工的思想实际，把帮助职工群众解决思想问题贯穿于解决实际困难之中。职工大量的思想活动是在我国经济关系和劳动关系深刻变化的过程中发生的，解决职工的思想问题应与维护职工的经济、政治和文化权益同时进行，注意因地、因人、因事、因时制宜地开展工作，特别应重视解决新就业形态劳动者、困难企业职工和进城务工人员等困难群体的实际问题。善于通过推进集体协商、签订集体合同这一工会调整劳动关系、维护职工经济利益的主要手段，以及坚持和完善职工代表大会这一发动和依靠职工参与民主决策、民主管理、民主监督的基本制度，预防和化解各种矛盾与问题，把党的全心全意依靠工人阶级的方针落到实处，把广大职工的主人翁积极性引导到推进企业改革、促进企业发展和维护企业稳定上来，充分发挥广大职工在夺取新时代中国特色社会主义伟大胜利、实现中华民族伟大复兴中国梦中的主力军作用。

（五）坚持守正创新，推动职工思想政治工作在理念、手段、方法等方面创新发展

职工思想政治工作要融入主题宣传、形势宣传、政策宣传、成就宣传、典型宣传中，充分发挥主流媒体、工会报刊和新媒体等各级各类媒体的阵地作用，不断扩大引导力、影响力、公信力。广泛开展主题宣传教育活动，充分利用我国改革发展的伟大成就、重大历史事件纪念活动、爱国主义教育基地、国家公祭仪式等，加强爱国主义、集体主义教育，引导广大职工树立正确的历史观、民族观、国家观、文化观。要充分发挥先进典型的示范引领作用，发挥好劳动模范、优秀共产党员、道德

模范、中华技能大奖获得者、全国技术能手等模范人物的引领作用，发挥大国工匠、时代楷模、最美人物等先进典型的激励作用。更加注重以文化人、以文育人，鼓励广大文艺工作者创作更多反映职工生产生活的优秀文艺作品，更好地满足广大职工对精神文化生活的新期待。

第二节　职工思想政治工作的主要内容

工会开展职工思想政治工作必须适应时代发展和职工队伍的需要，紧贴职工群众的思想实际，努力把职工思想政治工作贯穿于工会各项工作的全过程。

一、开展理想信念教育

党的二十大强调，要加强理想信念教育，传承中华文明，促进物的全面丰富和人的全面发展，弘扬以伟大建党精神为源头的中国共产党人精神谱系，推动理想信念教育常态化制度化，不断坚定中国特色社会主义共同理想。一个国家，一个民族，要同心同德迈向前进，必须有共同的理想信念作支撑。人民有信仰，民族有希望，国家才有力量。职工思想政治工作的重要内容，是对职工群众开展理想信念教育，以为人民服务为中心，以集体主义为原则，以爱祖国、爱人民、爱劳动、爱科学、爱社会主义为基本要求。

（一）用党的创新理论武装职工头脑，引领广大职工听党话、跟党走

理论的力量就是思想的力量、信仰的力量、真理的力量。党的十八大以来，以习近平同志为核心的党中央高度重视党的理论创新和理论建设。习近平总书记以非凡的理论勇气、高超的政治智慧、坚韧不拔的历史担当精神，发表了一系列重要讲

话，提出了一系列治国理政新理念新思想新战略，形成了习近平新时代中国特色社会主义思想，开辟了马克思主义发展的新境界，为我们进一步坚持和发展中国特色社会主义提供了根本的思想引领。特别是系列重要讲话中贯穿的战略思维、历史思维、辩证思维、创新思维、底线思维、问题思维、法治思维，为我们提供了正确的思想方法和工作方法。要把深入学习贯彻习近平新时代中国特色社会主义思想作为开展职工理想信念教育的重大政治任务，做到真学真懂真信真用，把讲话精神学懂弄通做实，准确把握思想的基本内涵，推动新时代党的创新理论“走”到职工群众心坎上，转化为立足本职、建功立业的内在动力，团结动员广大职工更加自觉地为加快推进改革开放和现代化建设贡献智慧和力量。

（二）认真学习领会中国特色社会主义的深刻内涵，巩固职工群众团结奋斗的共同思想基础

中国特色社会主义道路是中国共产党在历经艰辛、饱经风雨的长期实践中艰难探索出来的一条光明道路，具有深厚的历史渊源和广泛的现实基础。中国特色社会主义，是中国共产党和中国人民团结的旗帜、奋进的旗帜、胜利的旗帜，是当代中国发展进步的根本方向。我们必须高举中国特色社会主义伟大旗帜，全面贯彻习近平新时代中国特色社会主义思想，弘扬伟大建党精神，自信自强、守正创新，踔厉奋发、勇毅前行，为全面建设社会主义现代化国家、全面推进中华民族伟大复兴而团结奋斗。开展职工思想政治工作，要通俗易懂地讲清楚“什么是中国特色社会主义”、“怎样建设中国特色社会主义”，推动新时代党的创新理论“走”到职工群众心坎上，不断引导广大职工深刻领会建设新时代中国特色社会主义的总依据、总布局、总任务，坚持用习近平新时代中国特色社会主义思想武装头脑、指导实践、推动工作，把思想和行动统一到党中央的决

策部署上来，增强中国特色社会主义道路自信、理论自信、制度自信、文化自信，把实现个人理想与实现伟大的中国梦结合起来，聚精会神搞建设，一心一意谋发展。

（三）深入开展社会主义核心价值观教育，在广大职工中培育和践行社会主义核心价值观

党的二十大指出，社会主义核心价值观是凝聚人心、汇聚民力的强大力量，要大力弘扬以伟大建党精神为源头的中国共产党人精神谱系，用好红色资源，深入开展社会主义核心价值观宣传教育，深化爱国主义、集体主义、社会主义教育，着力培养担当民族复兴大任的时代新人。推动理想信念教育常态化制度化，持续抓好党史、新中国史、改革开放史、社会主义发展史宣传教育，引导人民知史爱党、知史爱国，不断坚定中国特色社会主义共同理想。要用社会主义核心价值观铸魂育人，完善思想政治工作体系，要坚持依法治国和以德治国相结合，把社会主义核心价值观融入法治建设、融入社会发展、融入日常生活。坚持马克思主义在意识形态领域指导地位的根本制度，坚持为人民服务、为社会主义服务，坚持百花齐放、百家争鸣，坚持创造性转化、创新性发展，以社会主义核心价值观为引领，发展社会主义先进文化，弘扬革命文化，传承中华优秀传统文化，满足人民日益增长的精神文化需求，巩固全党全国各族人民团结奋斗的共同思想基础，不断提升国家文化软实力和中华文化影响力。统筹推动文明培育、文明实践、文明创建，推进城乡精神文明建设融合发展，在全社会弘扬劳动精神、奋斗精神、奉献精神、创造精神、勤俭节约精神，培育时代新风新貌。加强国家科普能力建设，深化全民阅读活动。完善志愿服务制度和工作体系。弘扬诚信文化，健全诚信建设长效机制。发挥党和国家功勋荣誉表彰的精神引领、典型示范作用，推动全社会见贤思齐、崇尚英雄、争做先锋。

（四）加强形势政策及民主法治教育，自觉维护社会政治稳定和职工队伍的团结统一

职工群众对国家宏观形势的判断以及对社会问题的态度，是与我国改革开放的实践、社会转型、利益关系的变化相伴而生的。改革对人们思想观念和切身利益的触动十分深刻，职工群众的思想观念和心态因此也极为复杂与多变，继而产生各种不同的认识。职工思想政治工作要大力宣传党的路线方针政策和各项改革措施，经常进行国际国内形势教育，引导职工群众正确认识社会主义和资本主义发展的历史进程，了解我们前进中的有利条件和不利因素，在形势好的时候看到问题，不盲目乐观；在遇到困难和挫折的时候看到光明，不悲观失望。正确处理个人利益与集体利益、局部利益与整体利益、当前利益与长远利益的关系。加强民主和法治教育，普及宪法、民法、劳动法、工会法、劳动合同法等法律知识，引导职工增强法治观念，充分认识进行现代化建设必须有一个团结稳定的社会环境，而职工队伍的稳定很大程度上关系和决定着整个社会的稳定，必须依法办事、遵纪守法，不参加非法组织，不参与危害社会公共秩序的活动，坚决同一切破坏社会稳定的违法现象作斗争，自觉维护安定团结的大好局面，自觉维护职工队伍的团结稳定。

（五）进行工人阶级意识教育，增强职工的主人翁责任感、使命感

习近平总书记在参加党的二十大广西代表团讨论时强调，我国是工人阶级领导的、以工农联盟为基础的人民民主专政的社会主义国家，紧紧依靠工人阶级是必不可少的。习近平总书记的重要讲话，饱含对产业工人的深情厚谊和亲切关怀，为广大产业工人立足岗位、建功立业提供了行动指南。工人阶级在中国共产党的领导下，在革命、建设和改革的各个历史时期，

自觉站在时代前列，充分发挥了先进阶级的伟大历史作用。改革开放以来，工人阶级队伍不断壮大，已发展成为一个包括各种所有制企业、机关事业单位在内的全体体力劳动者和脑力劳动者的统一整体。在新的历史条件下，工人阶级的历史地位和作用没有变，工人阶级要在改革开放和社会主义现代化建设中充分发挥主力军作用，必须在实践中不断发展先进性，提高整体素质。要对职工群众进行工人阶级的革命传统教育和先进性教育，大力弘扬劳模精神、劳动精神、工匠精神，引导广大职工辛勤劳动、诚实劳动、创造性劳动，牢牢把握为实现中华民族伟大复兴的中国梦而奋斗这一我国工人运动的时代主题，进一步激发广大职工的主人翁责任感和创造活力，团结动员广大职工为奋力夺取新时代中国特色社会主义伟大胜利建功立业。

二、开展职工日常思想政治工作

（一）开展职工思想状况调查研究

开展职工思想状况调查研究是工会宣传教育工作的一项重要内容。要创新职工思想政治工作的手段和方法，有效运用互联网平台和工具，持续深入做好这项工作。要进一步完善职工思想动态网络，深入基层，深入职工群众，深入调研当前我国职工精神文化权益保障和实现情况，了解掌握职工的思想状况和生产生活情况，准确把握网络时代职工队伍发展变化的特点和规律，重点加强对产业工人、非公企业职工、农民工、青年职工、新就业形态劳动者等不同群体的思想政治工作。要研究分析职工队伍存在思想问题的原因，找出症结所在，及时向党政有关部门通报职工思想动态，反映职工呼声，提出有针对性的政策建议，从源头上维护职工的合法权益。

（二）解疑释惑，理顺职工思想情绪

在我国社会主义的自我完善和发展中，职工群众产生的许

多困惑和思想问题，涉及我国政治经济社会发展的多个方面，是广大职工群众迫切希望解决的现实问题。要结合广大职工群众的思想实际，着眼于社会主义新时代新的实践和新的发展，从协调各方利益、解决利益矛盾、实现社会和谐等方面进行深入的研究，进而作出有分量、有深度、实事求是、有说服力的回答，帮助广大职工深刻认识党和国家发展的战略思想和任务要求，准确理解党和国家解决职工切身利益问题的各项措施，解疑释惑，化解矛盾，因势利导，教育引导职工识大体、顾大局，正确对待改革中各种利益关系的调整，支持党和政府的各项改革措施，维护职工队伍的稳定，营造安定团结的政治局面。

三、开展职工职业道德建设

深入贯彻落实《新时代公民道德建设实施纲要》，在广大职工中培育和践行社会主义核心价值观，推动践行以爱岗敬业、诚实守信、办事公道、热情服务、奉献社会为主要内容的职业道德，加强职业道德教育，弘扬中华传统美德，弘扬时代新风，营造劳动光荣、创造伟大的社会氛围，培育知荣辱、讲正气、作奉献、促和谐的良好风尚，是职工思想政治工作的一项重要内容。

（一）职工职业道德建设的基本内涵

职工职业道德是指职工在职业活动过程中应当遵循的职业行为规范，涵盖了从业人员与服务对象、职工与职工、职工与职业、职业与职业之间的关系。开展职工职业道德建设，有助于职工养成健康良好的职业行为习惯，引导职工在本职岗位上确立具体的生活目标，选择具体的生活道路，形成具体的职业理想和道德品质。

全心全意为人民服务是社会主义职业道德的最高准则，它集中反映了社会主义职业道德的本质，是职工在职业活动中处理人与人之间的职业关系应当遵循的根本原则，是社会主义职业活动的出发点和归宿。

职工职业道德建设要立足行业特色、职业特点，突出涵养职业操守、培育职业精神、树立行业新风，引导从业者精益求精、追求卓越，为社会提供优质产品和服务。

职工职业道德建设要坚持以下原则：坚持职业道德建设与社会主义市场经济体制相适应；坚持继承优良传统与弘扬时代精神相结合；坚持尊重个人合法权益与承担社会责任相统一；坚持注重效率与维护社会公平相协调；坚持先进性要求与广泛性要求相结合；坚持道德教育与社会管理相结合。

（二）职工职业道德建设的主要内容

1. 爱岗敬业。

爱岗就是以安心、专心的态度，热爱本职工作，敬业是爱岗的升华，表现为对工作兢兢业业、一丝不苟、精益求精。爱岗敬业是职工职业道德的基础和核心，是职业道德所倡导的首要规范。做到爱岗敬业，就要弘扬工匠精神，向大国工匠们学习，树立干一行、爱一行、干好一行的正确职业信念，做到脚踏实地，不怕困难，有吃苦精神；忠于职守，团结协作，认真完成任务；钻研业务，提高技能，勇于创新，做行家里手。

2. 诚实守信。

现代社会中，人与人之间的接触越来越广泛、越来越频繁，人们之所以能够相互协作，彼此合作，靠的是诚信。无论是从事哪个职业的职工，在职业活动中都要自觉说老实话、办老实事、做老实人，用诚实劳动获取合法利益；讲信用，重信誉，守诺言，以信立业；平等竞争，以质取胜，童叟无欺，反对弄虚作假、坑蒙拐骗、假冒伪劣。

3. 办事公道。

要求职工在职业行为中按照本职工作岗位所制定的行为准则办事，不以私害公，不出卖原则。在职业活动中，坚持公平、公正、公开原则，秉公办事，清正廉洁，克己奉公，反对以权谋私、行贿受贿。

4. 热情服务。

每一个职工，无论从事什么职业，都要自觉地听取群众意见，了解群众需求，为群众排忧解难；端正服务态度，改进服务措施，提高服务质量，为群众工作和生活提供便利，积极培养良好的行业作风。

5. 奉献社会。

每一个职工都要树立强烈的社会责任感，为国家发展多尽一份心，多出一份力；承担社会义务，扶贫济困，致富不忘国家和集体；艰苦奋斗，多做工作，顾全大局，必要时牺牲局部和个人利益；反对只讲索取，不尽义务。

（三）开展职工职业道德建设活动

党的二十大指出，实施公民道德建设工程，弘扬中华传统美德，加强家庭家教家风建设，加强和改进未成年人思想道德建设，推动明大德、守公德、严私德，提高人民道德水准和文明素养。2019 年 10 月，中共中央、国务院印发了《新时代公民道德建设实施纲要》，明确以习近平新时代中国特色社会主义思想为指导，紧紧围绕进行伟大斗争、建设伟大工程、推进伟大事业、实现伟大梦想，着眼构筑中国精神、中国价值、中国力量，促进全体人民在理想信念、价值理念、道德观念上紧密团结在一起，在全民族牢固树立中国特色社会主义共同理想，在全社会大力弘扬社会主义核心价值观，积极倡导富强民主文明和谐、自由平等公正法治、爱国敬业诚信友善，全面推进社会公德、职业道德、家庭美德、个人品德建设，持续强化教育引导、实践养成、制度保障，不断提升公民道德素质，促进人的全面发展，培养和造就担当民族复兴大任的时代新人。为做好有关工作，成立了全国职工职业道德建设指导协调小组，成员单位包括：中央宣传部、中央文明办、国务院国资委、工业和信息化部、商务部、全国总工会，小组办公室设在全国总工会宣传教育部。

1. 开展全国职工职业道德建设评选表彰活动。

为把职工职业道德建设的普遍性和先进性结合起来，全国职工职业道德建设指导协调小组注重一手抓职工群众的学习教育，一手抓选树职工职业道德建设中涌现出来的先进典型。从1995年开始，每年开展一次全国职工职业道德建设“十佳单位”和“十佳标兵”（简称“双十佳”）的评选表彰活动。按照《全国职工职业道德建设评选表彰办法》规定，“双十佳”推荐评选候选单位和个人必须得到本单位职工认可，经社会公示、上级党委批准，由省、自治区、直辖市总工会宣教部或全国铁路、民航、金融工会宣教（组宣）部择优推荐，经全国职工职业道德建设指导协调小组办公室组织的资格审查、公示投票、评委评选等程序，报全国职工职业道德建设指导协调小组组长、副组长审核同意后，授予全国职工职业道德建设标兵单位和标兵个人荣誉称号，其余推荐对象获全国职工职业道德建设先进单位和先进个人荣誉称号。2003年6月，为贯彻落实《公民道德建设实施纲要》，全国总工会第十三届书记处第159次会议决定，对获全国职工职业道德建设“十佳单位”和“十佳标兵”的单位和个人，授予全国五一劳动奖状和全国五一劳动奖章。2009年12月，经全国清理规范评比达标表彰工作联席会议审核，全国职工职业道德建设评选表彰项目予以保留，并将活动名称规范为“全国职工职业道德建设评选表彰”。2010年，经全国总工会书记处批准，自第十一届全国职工职业道德建设评选表彰开始，评选表彰全国职工职业道德建设标兵单位、标兵个人各20个（名）。截至2022年，全国职工职业道德建设评选表彰已开展十七届，时间跨度逾28年，其间共评选全国职工职业道德建设标兵单位230个，全国职工职业道德建设标兵个人241人。其中，90个全国职工职业道德标兵单位荣获全国五一劳动奖状，91名全国职工职业道德建设标兵个人荣获全国五一劳动奖章。全国著名劳动模范和先进人物郭明义、窦铁成、李素丽、徐虎、吴斌、宋鱼水、孔祥瑞、李刚等，大国工匠洪家光、马荣等，都曾先后被授予全国职工职业道德标兵个人荣誉称号。

2. 开展职工职业道德建设宣传教育活动。

以“爱岗敬业、诚实守信、办事公道、服务群众、奉献社会”为主要内容，在全国广大职工中开展职工职业道德宣传教育活动，是做好职工职业道德建设的一项基础性工作。各级工会宣教部门要充分发挥工会报刊网站、企业报刊网站、工人文化宫、职工俱乐部及工会院校课堂等工会宣传教育阵地的作用，调动各级工会微博、微信、客户端等网上宣传资源和手段，发掘微感言、微视频、随手拍等多种传播载体和方式，浓墨重彩地宣传职业道德模范的感人事迹。通过制作刊播公益广告、举办专题展览、组织故事汇巡演等方式，利用演讲、征文、文艺演出等丰富多彩的形式，广泛动员职工群众参加职工职业道德建设宣传教育活动。实践证明，深入开展这项宣传教育活动，可以有效提升职工职业道德建设的水平，扩大社会影响。

四、开展全国工会职工书屋建设工作

职工书屋是中华全国总工会和各级工会组织为保障职工群众的文化权益，在全国开展的一项重要文化工程。2008年，按照党中央、国务院关于加强公共文化建设、推广全民阅读及提升职工素质的要求，全国总工会自觉承担起全民阅读“领读者”的责任，全国工会职工书屋建设工程正式启动。职工书屋由全国总工会统一命名，主要在一线职工特别是产业工人、农民工、新就业形态劳动者等群体工作和居住相对集中的基层企事业单位、城市社区、工业园区、乡（镇）村和重点建设项目工地建立，为广大基层职工提供方便实用的读书场所和学习条件，满足广大职工日益增长的阅读学习与精神文化生活需求。

2015 年 11 月，全国总工会改革试点方案将职工书屋与送温暖工程、五一劳动奖、工人先锋号、大国工匠、职工之家一起列为六大工会工作品牌。2016 年 12 月，《公共文化服务保障法》正式将职工书屋与工人文化宫一起列入公共文化设施。2019 年 3 月，职工书屋和“阅读经典好书 争当时代工匠”全国工会职工书屋主题阅读交流活动写入《关于加强和改进新时代产业工人队伍思想政治工作的意见》。2019 年 11 月，“阅读经典好书 争当时代工匠”全国工会职工书屋主题阅读交流活动荣获“全国全民阅读优秀项目”。2020 年，“职工书屋示范点”被列入第二批全国创建示范活动目录，职工书屋也首次写入中央宣传部《关于促进全民阅读工作的意见》。同年，《全国工会职工书屋管理办法（试行）》等规范性文件出台，为全面建好、管好、用好职工书屋打下更为坚实的基础。职工书屋作为我国全民阅读和公共文化设施的重要组成部分，已成为广大职工“即时学习、岗位成才”的重要园地、企业职工文化建设的重要载体、新时代工会工作的重要阵地，是名副其实的职工精神文化家园。

（一）实体职工书屋建设

全国总工会成立全国工会职工书屋建设领导小组，先后制订《开展全国工会“职工书屋”建设的实施意见》《全国工会职工书屋建设工程五年规划》等文件，每年投入专项经费，以配送图书的方式在全国建设职工书屋示范点，各级工会组织相应设置工作机构并进行配套投入开展职工书屋建设，因地制宜组织开展丰富多彩的职工读书学习活动。

全国总工会党组、书记处高度重视职工书屋的建设和发展工作，在全国总工会精心部署和各地工会共同努力下，以服务广大职工特别是一线职工为宗旨，职工书屋从无到有、从小到大，截至2022年，建成全国工会职工书屋示范点1.5万家，为基层配送图书1800余万册，带动各地工会建成职工书屋15万余家，覆盖职工9000多万人。

近年来，在全国总工会和各级工会的重视支持和引领下，基层职工书屋走上了品质提升、转型发展之路。从大型企业到城市社区，从工业园区到项目工地，一批批设计新颖、环境优美、功能齐全、活动丰富的新型职工书屋在全国各地普遍建成。职工们走进书屋，或安静阅读，或促膝畅聊，这里已经成为他们喜爱愿去的文化场所、提素平台、精神家园，成为职工思想引领的重要阵地。

（二）电子职工书屋建设

2015年，为适应新兴网络数字化阅读需求，全国总工会统一规划、投入基础建设经费，又建成开通电子职工书屋阅读系统，为广大职工提供内容丰富精良、功能便捷、富有特色的阅读学习平台，建成包含网站、App、微信公众号、数字阅读触屏、PC客户端等产品终端，平台包含4万多种电子书、2万多小时有声书、400多种主流期刊以及特色视频等资源，目前已普惠职工2500余万人，并将逐步实现全国职工的普遍覆盖。

顺应阅读内容分众化、阅读终端多元化趋势，全国工会电子职工书屋阅读系统在2019年再一次实现全面改版升级，集多种软硬件终端于一体，图书、期刊、有声书等精品特色阅读资源动态更新，真正实现“一人一书屋，无处不阅读”。大数据分析提供精准多样的阅读服务，更加深刻地洞察职工需求，让职工真正感觉到阅读就在身边，潜移默化为自己的生活方式。策划网上征集、原创作品展示等系列活动，推出活动管理平台，打通线上线下阵地的融合通道，让正能量更强劲、主旋律更高昂。

（三）开展全国职工阅读活动

全国职工阅读活动对于全国工会和职工来说具有特殊的意义，也是全民阅读工作的重要推动力量。教育和引导广大职工听党话、跟党走，建设一支新时期的高素质产业工人队伍，是党中央赋予工会新时期的重大工作任务，也是职工书屋建设始终承载的初心和使命。

在全国总工会党组、书记处的高度重视下，自 2017 年起全国工会职工书屋建设领导小组在全国广大职工中广泛开展“阅读经典好书 争当时代工匠”全国工会职工书屋主题阅读交流活动。通过精品读物推荐、原创作品挖掘、读书成果选树等活动，推动在广大职工中形成岗位读书、岗位学习的良好风气。通过开展学习习近平新时代中国特色社会主义思想职工诵读活动，推动习近平新时代中国特色社会主义思想进企业、进车间、进班组、进头脑。

2019 年新中国成立 70 周年之际，组织开展 70 场“与共和国同行”示范性全国职工主题阅读活动，带动各级工会职工书屋广泛开展线上线下相结合的诵读、征文、演讲、讲座、沙龙、文艺创作、知识竞赛等形式多样、内容丰富的阅读学习活动。

2020 年组织开展了贯穿全年的“中国工人杯”全国职工读书知识竞赛，从活动方案、题库筹备筛选、线上竞答模型搭建到前期宣传，进行了精心筹划与安排。初赛阶段通过 49 天的线上竞答，吸引了 1230 万职工的积极参与。复赛阶段创新采用线下设立竞赛指挥控制中心、组织 35 支代表队进行线上复赛的模式，并取得成功。

2021年建党100周年之际组织开展的“中国梦·劳动美——永远跟党走 奋进新征程”全国职工党史知识竞赛声势大，影响广，仅初赛阶段的35天竞答活动，便吸引了1360万职工积极参与，以赛促学、以学促用，极大激发了广大职工爱党爱国热情，增强了工人阶级的主人翁意识。100场“把一切献给党·劳动创造幸福”全国职工党史学习教育读书活动，注重找准党的创新理论宣传与职工精神需求的结合点，注重融入基层一线，注重创新理念，注重运用新技术新手段，共计6000多万职工现场参与或通过网络视频观看参与，带动广大职工掀起党史学习的热潮。活动把党史学习教育和职工主题阅读有机结合，引导广大职工增强“四个意识”、坚定“四个自信”、做到“两个维护”，在重温红色经典的潜移默化中筑牢初心使命，厚植爱党爱国爱社会主义情怀。依托全国工会电子职工书屋推出的全国职工党史学习知识平台，基本涵盖习近平新时代中国特色社会主义思想重点图书，以及“四史”和工运史的相关电子图书和有声书，为全国职工打造线上党史学习阵地，浏览量超过2000万次。与《中国工人》杂志和技能强国–全国产业工人学习社区平台合作，主办了“迎冬奥贺新春 工会陪你过大年”全国职工网络大团圆活动，全国总工会党组首次以贺信的形式，通过这次直播活动向全国广大职工祝福新春，向辛勤工作在全国各条战线上的广大职工朋友们致以节日的问候和诚挚的祝福，向就地过年坚守付出的职工朋友们表示崇高的敬意和衷心的感谢，在广大职工中产生了强烈反响，直播评论区的职工留言达到10.6万条，充分发挥了聚人心、鼓士气、促团结的作用。2022年，组织开展了第六届“阅读经典好书 争当时代工匠”全国工会职工书屋主题阅读交流活动暨“喜迎二十大 建功新时代”全国职工主题阅读活动，组建首批100家基层单位的示范职工读书会，全国工会电子职工书屋联合技能强国-全国产业工人学习社区、学习强会推出了党的二十大精神学习平台。

职工书屋工作要围绕工会工作主线，顺应时代发展、社会进步、受众需求，着眼构建职工阅读生态，在话语体系建构、概念范畴创新和议题设置上下功夫，继续叫响做实“阅读经典好书 争当时代工匠”主题阅读活动，更好地为亿万职工提供有广度、有深度、有温度的阅读体验和文化服务，切实担负起党的意识形态阵地和工会思想文化建设主阵地的职责使命。

五、开展群众性精神文明创建活动

社会主义精神文明是建设中国特色社会主义的重要目标和重要保证，思想道德建设是精神文明建设的中心环节。工会开展群众性精神文明建设的总体要求是：坚持以习近平新时代中国特色社会主义思想特别是关于道德建设的重要论述为指导，以为人民服务为核心，以集体主义为原则，以诚实守信为重点，加强职工社会公德、职业道德、家庭美德和个人品德教育，增强职工的道德意识，提高职工的道德素质，推动社会和谐与全面进步。

（一）开展讲文明树新风活动

着眼社会文明程度的普遍提高，充分发挥工会组织的组织优势、阵地优势，大力宣传社会主义核心价值观，积极倡导新时代的文明风尚，引导职工从我做起、从身边的小事做起，树立健康文明的生活方式，扭转社会不良风气，推动物质文明和精神文明协调发展、经济与社会共同进步、人与自然和谐相处。

（二）开展创建文明行业、文明岗位、文明职工活动

以服务人民、奉献社会为宗旨，聚焦直接关系群众切身利益、社会反映强烈、问题突出的行业领域，在中央有关部门的

组织指导下，充分发挥各产业工会的作用，共同开展行业自律和行业诚信建设，对职工普遍进行职业责任、职业道德、职业纪律、职业理想等教育，通过岗位培训，规范行业行为，树立行业新风。

（三）开展全国职工禁毒宣传教育月活动

全国职工禁毒宣传教育月活动由全国总工会和国家禁毒办公室联合举办，通过向全国企事业单位和职工发出倡议，号召全国企事业单位坚决不生产、不储藏、不运输毒品，不参与与毒品有关的各种非法生产、经营活动，努力把企业建设成为文明企业、无毒单位；号召广大职工增强禁毒意识，自觉抵制毒品，积极参与禁毒。

（四）开展职工志愿服务活动

全国总工会于2014年成立中国志愿服务联合会职工委员会，截至2016年底，中国志愿服务联合会职工委员会已在全国工会系统成立近30个省级职工志愿服务组织机构，为各类职工志愿服务组织、项目和活动的规范运作和蓬勃发展提供了有效指导和帮助。

中国志愿服务联合会职工委员会以各级工会组建的劳模志愿服务队和各种职工志愿服务队为主体，紧密结合群众性精神文明创建活动，利用重要时间节点，组织开展形式多样的职工志愿服务活动。一是以“扶贫义诊”、“走访慰问空巢老人”、“帮扶困难职工”为主题，广泛开展两节“送温暖”职工志愿服务活动。二是参与中央宣传部、中央文明办等多部门共同组织开展的宣传推选学雷锋志愿服务“四个100”先进典型活动，在各类企业、学校、机关、窗口单位、商场集市等基层单位，广泛开展各具特色的学雷锋活动，及时总结推广先进典型，着力推动岗位学雷锋活动覆盖各行各业，带动职工志愿服务蓬勃发展，融入职工生产生活各方面。三是以相互关爱、服务社会为主题，常态化开展以文明礼仪知识普及、网络文明传播志愿服务、环境美化、扶贫助困、教育服务、医疗服务、文化服务、法律援助、敬老爱亲、走访帮扶等为主要内容的职工志愿服务活动。

第三节 开展职工思想政治工作的方法途径

加强职工的思想政治引领，实质上是通过适当的宣传教育形式，把党的路线、方针、政策、立场、观点和价值观传导给广大职工，引导广大职工自觉遵守，实现党的价值导向与职工自身发展的辩证统一。职工思想政治工作要坚持以习近平新时代中国特色社会主义思想特别是关于宣传思想工作的重要思想、关于工人阶级和工会工作的重要论述为指导，坚持以人为本，紧密结合工作实际和职工队伍新变化，进一步开阔视野，积极探索新方式、新途径、新载体。

一、充分发挥新闻媒体的导向作用

报刊、广播、电视、网络、“三微一端”等新闻媒体，每天向社会提供大量信息，与职工群众的思想、工作和生活密切相连，对社会舆论及社会政治、经济、文化生活的各个方面产生广泛而深刻的影响，也是工会对职工进行思想引领的重要渠道。

面对新形势新任务，工会开展职工思想政治工作面临许多新的情况。随着互联网智能化发展，工作环境更加开放，职工的视野更加开阔；社会阶层增多，职工思想政治对象的层次增加；职工的思想更加活跃，其思想观念更加复杂，自主意识、竞争意识、平等意识、效率意识明显增强。职工思想政治工作既要传授真理、解疑释惑，又要增加知识信息含量，增强时代气息和亲和力。因此，必须充分发挥新闻媒体，特别是工会新闻舆论宣传工具及网络等在引导舆论、统一思想、凝聚人心等方面不可或缺的作用，用鲜活的内容、生动的形式，吸引、感染和引导职工群众，通过平等、民主、双向、互动的交流，丰富职工思想政治工作的文化含量，有效扩大职工思想政治工作的覆盖面。

二、开展形式多样的主题宣传教育活动

职工主题宣传教育活动是以活动为载体，在职工中开展的一种专题性教育实践活动。这类活动紧紧围绕党的中心工作和重大任务，围绕工会工作的全局，具有鲜明的主题，组织职工群众参与其中，寓教于具体活动，寓教于职工实践，使职工在实践中深化对主题的认识和理解。主题宣传教育活动直观、具体、生动、感性，是深化和创新职工思想政治工作的重要手段。

（一）职工主题宣传教育活动的特点

1. 渗透性强。

主题宣传教育不是依靠教育者的直接说教，而是把教育内容贯穿在活动中，利用活动所提供的感性材料及所营造的氛围对职工群众进行感召和熏陶，使之在潜移默化中受到启迪，不知不觉中接受教育，消除教育者和被教育者之间的距离，容易形成共融互动，达到较好的教育效果。

2. 感染力强。

以主题教育为载体开展职工思想政治工作，就是在淡化教育痕迹的过程中强化教育主题，把活动内容的思想性与活动形式的生动趣味性有机结合起来，增强教育的吸引力和感染力。这既丰富和满足了职工群众的精神文化需求，陶冶了职工的情操，又对职工进行了马克思主义世界观、人生观、价值观的教

育，起到润物细无声的效果。

3. 凝聚力强。

主题宣传教育活动通过丰富多彩的活动形式，吸引广大职工群众踊跃参加，能够充分调动和发挥职工群众参与的积极性、主动性和创造性，并通过职工群众的直接参与，把职工思想政治工作落实到基层，落实到职工自我教育、自我提高、自我发展的实践中去。

（二）职工主题宣传教育活动的形式

职工主题宣传教育活动通过鲜明的主题和形式多样的活动，唱响主旋律，打好主动仗，以正确的舆论引导人，以先进的思想教育人，以正面的典型鼓舞人。在职工主题宣传教育活动中，职工群众既是参与者，更是活动的主体。只有发挥好职工群众的积极性和主动性，主题宣传教育活动才能够常干常新，才能发挥应有的作用和取得良好的社会效果。职工主题宣传教育应选取职工群众喜闻乐见的形式和行之有效的方法开展。

1. 典型示范教育。

注重运用先进典型影响带动职工群众。改革开放和现代化建设中涌现出来的先进集体和先进人物体现了时代精神，是职工群众学习的榜样。要采取多种形式，大力宣传他们的感人事迹和高尚品德。要改进宣传方式，让职工群众感到他们可亲可敬、可信可学。各行各业要注意发现和总结推广自己的先进典型，使职工学有榜样、赶有目标，在全社会形成崇尚先进、学习先进、争当先进的良好风气。

2. 现场经验交流会。

紧紧把握时代脉搏和职工思想状况，围绕企业生产实际，不断总结和探索职工思想政治工作的规律和特点，树立开展职工主题宣传教育活动的企业典型，适时召开有针对性的职工主题宣传教育经验总结现场交流会，推广先进经验和做法，为取得更广泛的职工主题宣传教育成果营造良好氛围，促进职工主题宣传教育活动迈上新台阶。

3. 演讲活动。

演讲活动是工会组织紧密结合工作实际和职工思想实际进行的一种行之有效的职工自我教育活动。自 1985 年开始，全国总工会基本上每两年开展一次全国性的职工演讲比赛。先后开展了“谈我身边的变化”、“党在我心中”、“爱岗敬业”、“祖国颂”、“我与改革创新”、“决胜小康 奋斗有我”、“永远跟党走 奋进新征程”等演讲活动，展示了职工的风采，调动了职工参与改革和社会主义现代化建设的积极性和主动性，提升了职工的思想道德素质。

4. 知识竞赛。

根据职工主题宣传教育活动的内容，全国总工会组织编写知识竞赛试题并在大众媒体刊登，以线上线下相结合的方式，组织广大职工积极参与，通过认真学习和答题竞赛，使职工群众从中受到教育，提高思想觉悟。

5. 辩论赛。

辩论赛采取团体组队的方式，以正反两方进行辩论的形式进行，对一个问题的两个方面，运用辩论技巧，阐述本方观点，驳斥对方观点，从而加深对问题的理解。这种比赛形式是近年来深受职工群众欢迎和喜爱的教育方式。

6. 其他形式。

紧密结合党和政府出台的政策法规和重大工作部署，进行大规模、集中性、自上而下的系列宣传教育，使党的方针政策和目标任务深入人心。各级工会结合企业生产实际，创造了许多简单易行、行之有效的教育方式方法，为开展职工主题宣传教育积累了宝贵经验。多年来，各级工会结合贯彻落实《新时代公民道德建设实施纲要》、《新时代爱国主义教育实施纲要》，围绕职工思想实际，开展符合时代特点、符合企业实际、符合职工要求的主题宣传教育活动，坚定职工信念，统一职工思想，激发职工创造力，为企业发展和社会进步奠定坚实的思想道德基础。

三、以群众性精神文明创建活动为重要载体

群众性精神文明创建活动是对职工群众进行思想引领、提高职工文明程度的有效途径。由于创建活动思想主题鲜明，能够较好地体现职工群众的共同理想、共同信念和共同利益，具有较强的号召力和吸引力；源于基层，贴近职工生活实际，能够较好地体现以职工为本，使职工群众在参与中得到实惠，感受到党和政府的温暖，使职工群众增强对党和政府的信任；具有职工喜闻乐见、丰富多彩的形式，能够吸引职工群众广泛参与，使职工在参与中实现自我服务、自我管理、自我教育。因此，它不仅是职工思想政治工作的新载体，也成为工会有效开展职工思想政治工作的重要方式。

四、重视和发挥文化的教育功能

精神产品和社会文化生活对职工群众的思想观念、道德情操有着潜移默化的作用。先进文化承载着思想政治工作的基本内容，体现了思想政治工作的基本要求。图书、报纸、杂志、音像制品、文艺演出等，都是实现以优秀的作品鼓舞人的重要方式。要大力推动职工文化建设，充分发挥工会文化教育体育阵地的教育功能，弘扬主旋律，提倡多样化，培育和扶持优秀的原创性职工文化作品的创作和生产，广泛开展丰富多彩、健康有益的职工文化体育活动。积极开展企业文化建设，通过普及企业文化知识、提炼企业精神、塑造企业形象，使企业文化的理念逐步渗透到职工的思想观念和行为习惯之中，推动企业

的自主创新和加快发展。积极参与社区文化建设，把职工思想政治工作的基本内容融入创建文明家庭等社区群众性活动之中，陶冶职工情操，提高职工素质和文明程度，建立团结互助、平等友爱、共同进步的新型人际关系。

要加强红色工运资源的挖掘保护和宣传利用工作，提升红色工运资源的公共服务水平和社会教育效果。党的十八大以来，习近平总书记多次到访革命纪念地，瞻仰革命历史纪念场所，反复强调要用好红色资源，传承好红色基因，把红色江山世世代代传下去；红色资源是我们党艰辛而辉煌奋斗历程的见证，是最宝贵的精神财富；红色血脉是中国共产党政治本色的集中体现，是新时代中国共产党人的精神力量源泉。在中国共产党百年奋斗历程中，党领导的波澜壮阔的中国工人运动史是党的历史的重要组成部分，留下了丰富厚重的红色工运资源，铭刻着中国工运的光辉历程，蕴含着宝贵的精神财富，熔铸于以伟大建党精神为源头的党的精神谱系之中，是开展党史学习教育和爱国主义教育、国防教育，加强职工思想政治引领的鲜活教材。各级工会要加强红色工运资源的保护利用，深化研究阐释，发掘时代内涵，突出社会效益，打造精品展陈，强化教育功能，提升传播能力，用活红色工运资源，因地制宜开展参观瞻仰、纪念缅怀、现场教学、学习体验、主题党日、研讨交流等活动，团结引导广大职工群众更好传承红色基因、赓续红色血脉、汲取奋进力量，为实现中华民族伟大复兴的中国梦作出更大贡献。

五、不断创新职工思想政治工作的方法途径

善于发挥各种媒体特别是新媒体作用，充分利用互联网特别是移动互联网的手段和途径，依托基层建立和健全职工思想动态信息网络，及时收集、分析和反映职工的思想动态，围绕职工关心的热点问题进行专题调研，有针对性地提出对策建议，

协助党和政府做好职工思想政治工作。加强源头参与，加大维权力度，畅通诉求渠道，把解决职工思想问题与解决实际问题结合起来，与维护职工权益结合起来，与造福职工群众结合起来。特别要在供给侧结构性改革过程中，进一步做好关心职工生产生活尤其是帮扶困难职工的各项工作，坚决纠正各种损害职工群众权益的行为，使困难职工生产生活中的突出问题得到解决，使困难职工的基本生活得到保障，使他们切实感受到社会主义大家庭的温暖。在解决实际问题的过程中，进一步强化思想政治引领的功能，把问题说清、把道理讲透，少一些简单的说教，多一点鲜活的实例，帮助职工群众深化对问题的认识，进而转化为内在的觉悟，从而加深对党和国家有关方针政策的理解与认识，提高执行党和国家有关方针政策的自觉性。

思考题：

1. 如何结合实际有针对性地加强企业职工思想政治工作？

2. 如何创造性地开展职工主题宣传教育活动，增强职工主题宣传教育活动的吸引力和感染力？

3. 如何根据新时代职工职业道德的新变化深化职工职业道德建设？

第三章　职工科学素质教育工作

职工科学素质教育工作是我国职工教育工作的重要组成部分，是根据经济社会发展与企业发展的需要，对在职职工进行科学文化知识、技术技能培养的一种教育活动。职工科学素质教育作为一种继续教育和终身教育的形式，在构建终身教育体系、建设学习型社会、提升国民素质的进程中具有重要的地位和作用，是开发职工智力，培养企业有用之才，贯彻新发展理念，建设现代化经济体系的重要途径。工会通过开展形式多样的职工科学素质教育，大力提高广大职工的科学文化素质，帮助他们掌握现代科学文化知识和精湛的技术技能，培养他们的学习能力、创新能力、竞争能力、创业能力，充分发挥其在推动经济发展和社会进步中的主力军作用。

提高职工队伍的整体素质，关系着综合国力的竞争，关系国家发展和中华民族伟大复兴。对职工群众进行科学素质教育，是工会加强和创新社会管理的一项重要工作。职工科学素质教育是随着我国工人运动和革命事业的发展而逐步发展起来的，与党的事业紧密联系在一起。早在中国共产党成立初期，老一辈工人运动活动家就通过举办工人夜校、工人俱乐部、工人读书报社等，教工人群众识字、学文化，传播马克思主义，提高工人阶级的阶级觉悟和革命理论水平，并以此发动群众、组织群众，开展各种斗争，为党培养和输送工人干部，壮大革命队伍，有力地配合了革命战争的胜利进行。新中国成立后，工会在职工教育方面发挥了更加积极的作用。在工会组织工人群众开展大规模的识字扫盲运动后，从1956年开始，全国职工业余教育实行由政府教育部门统一领导、工会积极协助的领导管理体制，各地、各厂矿的工会兴办了一批工人夜校和工人业余初等、中等学校，还兴办了少量的工人中专、大专学校，对广大职工进行各类文化技术教育。1959年后，职工教育实行在党委领导下，由工会负责实施的领导管理办法，工会全面承担了领导全国职工教育工作的任务。到1966年，工会办学已初具规模，建立了从小学、中学、中专到大专的多层次办学体系，大大改变了工人阶级文化程度不高的面貌，同时培养了一大批工人专业技术人才和管理干部，为社会主义革命和建设提供了智力支持。1966年到1976年，“文化大革命”期间，职工教育事业遭到严重破坏。党的十一届三中全会以后，各级工会组织按照党中央的要求，在各级党委的领导下，同政府有关部门通力合作，大力恢复发展职工教育。1979年11月，全国总工会党组向党中央报送《关于职工教育领导管理体制问题的请示》，建议建立中央一级的职工教育领导工作机构，统一研究制定职工教育的方针、政策、法规和任务，协调各方力量，共同搞好职工教育。1981年2月，中共中央、国务院印发了《关于加强职工教育工作的决定》，并成立了全国职工教育管理委员会，职工教育按照“加强领导，统一管理，分工负责，通力协作”的原则，实行由政府和企业行政主管，充分发挥工会、共青团等有关方面作用的领导管理体制。工会的职责是负责办好工会系统的职工学校，积极参与职工教育的管理工作，发挥监督作用，维护和保障职工的学习权利。此后，工会职工教育工作发生了很大变化，由主管转变为参与管理和配合行政。面对职工教育管理体制和任务的变化，各级工会积极探索参与职工教育工作的新路子，逐步形成了参与职工教育管理、自身办学、开展职工读书自学活动、实施职工素质建设工程等相结合的新格局。

2006 年 2 月，国务院印发并组织实施《全民科学素质行动计划纲要（2006—2010—2020 年）》，提出了提高职工科学素质的任务和措施。2008 年 12 月，全国总工会第十五届二次执委会议通过《关于充分发挥工会“大学校”作用提高职工队伍整体素质的决议》，提出了牢牢把握工会“大学校”建设的指导思想、总体目标、基本要求和切实加强领导，坚持和完善工会“大学校”建设的制度机制。2009 年 3 月，全国总工会印发《关于全面实施职工素质建设工程的意见》，明确提出了全面实施职工素质建设工程的九项实践活动，并提出了努力建设一批职工教育培训基地等实施职工素质建设工程的保障机制和措施。2010 年 4 月，全国总工会印发《全国职工素质建设工程五年规划（2010—2014 年）》。该规划将职工的整体素质细分为思想道德素质、科学文化素质、技术技能素质、民主法治素质、安全健康素质和社会文明素质六个方面，并制定了详细的推进办法。2015 年 4 月，全国总工会印发《全国职工素质建设工程五年规划（2015—2019 年）》，进一步提出以培育和践行社会主义核心价值观为主线，以培养职工职业精神和提高职工技术技能素质为重点，建立起资源集成、形式多样、贴近职工、务实有效的职工素质建设工程模式。2016 年 12 月，全国总工会印发《关于充分发挥工会在建设知识型、技术型、创新型技术工人队伍中作用的意见》，明确要求各级工会充分发挥积极作用，并提出具体举措。2020 年 12 月，全国总工会印发《全国职工素质建设工程五年规划（2021—2025 年》，要求把提高职工队伍整体素质作为一项战略任务抓紧抓好，为劳动者成才创造良好条件，造就一支有理想守信念、懂技术会创新、敢担当讲奉献的宏大产业工人队伍。2021 年 6 月，国务院印发《全民科学素质行动规划纲要（2021—2035 年）》，提出面向世界科技强国和社会主义现代化强国建设，需要科学素质建设担当更加重要的使命。

第一节　职工科学素质教育工作的目标任务、主要内容和方法途径

开展职工科学素质教育、培养高素质的职工队伍，是工会组织一项长期战略任务，也是实施科教兴国战略、人才强国战略、创新驱动发展战略，提高企业核心竞争力，建设富强民主文明和谐美丽的社会主义现代化强国的迫切需要。

一、职工科学素质教育工作的目标任务

职工科学素质教育工作的目标任务是：倡导人人学习、终身学习理念，营造和形成浓厚的学习氛围和学习风气，使学习成为职工工作和生活的重要内容；大力弘扬劳模精神、劳动精神、工匠精神，努力建设知识型、技能型、创新型劳动者大军；在学习型社会建设中，积极推动职工教育培训体系和培训机制建立与完善，最大限度挖掘工会系统文化教育资源，充分利用政府资源，积极整合社会资源，以学习能力、职业技能和技术创新能力为重点，加强教育培训，培养造就宏大的高素质职工队伍，为实现中华民族伟大复兴的中国梦作出新贡献。

二、职工科学素质教育工作的主要内容

职工科学素质教育工作的内容随着国家职工教育任务、目标和领导管理体制变化而有所不同。当前和今后一个时期，主要包括以下内容：

（一）参与职工教育管理和监督，维护和保障职工学习权利

参与职工教育管理和监督，维护和保障职工学习权利，是党和国家在新时代赋予工会的权利和义务，是工会组织的一项重要职责，也是在职工教育领域落实全心全意依靠工人阶级方针的具体措施。工会参与宣传国家有关职工教育方针、政策和法律法规，参与研究制定实施方案，并协助和督促政府有关部门贯彻执行；参与制定有关职工教育的法律法规、制度、条例和规划、计划；参与职工教育的检查、考核、评估工作和评比、表彰、奖励的组织和领导工作；调查研究职工教育中带有普遍性、倾向性、趋势性的问题，了解职工群众的意愿、要求，向有关部门反映并提出政策建议，督促解决存在的问题；维护保障职工的学习权利和相应的待遇。

（二）深入实施全国职工素质建设工程

深入实施全国职工素质建设工程，是实施科教兴国和人才强国战略、创新驱动发展战略，培养和造就适应新时代要求的高素质职工队伍的必然要求。认真贯彻落实“建设知识型、技能型、创新型劳动者大军”的要求，切实加强领导，确定目标、周密部署、精心组织、扎实推进实现党的二十大提出的“努力培养造就更多大师、战略科学家、一流科技领军人才和创新团队、青年科技人才、卓越工程师、大国工匠、高技能人才”目标。抓典型示范、榜样带动，以职工身边的人或事教育、启发、影响、带动职工。大力营造学习氛围，激发广大职工勤奋学习、刻苦钻研、锲而不舍、岗位成才的热情。鼓励支持职工读书学习，提高学历层次和技能水平，采用各种方式，利用各种手段，通过各种途径，创造条件，为职工学习成才搭建平台，不断提高广大职工的学习能力、实践能力和创新能力。

（三）办好工会各类职工学校

工会职工学校和职业培训机构是工会的一项重要事业，是工会履行教育职能、密切联系职工群众、扩大工会影响、提高职工队伍素质的重要场所。各主办、承办工会负责加强对学校指导和管理，主动适应职工教育改革新形势，进一步明确办学方向，制定工会办学发展规划，深化体制、机制以及教学内容改革，更新办学模式，拓展办学渠道，不断完善办学条件，提高教育质量，增强发展和竞争能力，培养更多更好的专业技术人才，使工会各类职工学校在履行工会教育职能中发挥更大作用。

三、职工科学素质教育工作的方法途径

工会开展职工科学素质教育工作必须从工会实际出发，既要继承发扬工会多年来形成的传统和优势，又要结合新时代的特点有所发展和创新，以形成自己的特色。概括地说，参与、监督、配合、协调和维护是工会开展职工科学素质教育工作的主要方法和途径。2006 年 6 月，全国总工会联合财政部、国家发改委、教育部等 11 个部委印发了《关于企业职工教育经费提取和使用管理的意见》，这是工会参与职工教育管理工作的一个重大突破，为企业更好开展职工教育、维护职工学习权益提供了重要政策依据。2018 年，国家税务总局会同财政部研究出台相关举措将企业职工教育经费税前扣除比例由 2.5%提高到 8%，并可无限期结转以后年度扣除。

（一）把职工科学素质教育列入工会参与国家、政府社会政治事务管理的内容

工会通过与政府召开联席会议，通过工会在各级人大、政协的代表、委员提出建议、提案等渠道，直接反映职工教育中的热点、难点以及具有普遍性的问题。加强与政府有关部门联系与合作，建立充分共享有关职工教育资源、加强沟通协调工

作制度，共同研究解决问题的办法和措施。

（二）把职工科学素质教育纳入企业集体协商、民主管理的内容

主要是通过职工代表大会定期讨论、审议职工教育重大问题，建立集体协商、集体合同和职工代表监督检查等制度，保证职工教育工作及有关问题的落实和解决。

（三）发挥工会各类职工学校的作用

职工学校坚持为企业发展、为职工学习、为工会建设需要服务的指导思想，以职工和市场需求为导向，大力开展不同层次的文化技术教育，开展各种类型的岗位培训、继续教育和专业技能培训、实践培训。在开班设课、学习安排以及教学方法上，增强适应性，突出实效性，以最大限度地满足不同职工多样化的学习需求。

（四）开展读书自学、岗位成才、技术创新、岗位练兵、技术比武等群众性学习培训活动

举办各种类型的技术创新成果比赛竞赛。发挥大国工匠和劳动模范、工人技师的作用。组织多种形式的练绝活、传绝招、献技能和技术表演、拜师学技活动。以建设学习型班组为突破口，开展班组达标竞赛活动等。

（五）配合行政部门开展岗位技能培训活动

职工岗位培训主要由行政业务主管部门负责，工会主要是协助做好组织发动和管理服务等工作。受基层行政委托或在行政力量难以顾及的情况下，工会可采取灵活多样的方法，以短期、业余、自学为主，组织与企业工作实践有关的现代科学文化知识教育，举办与生产工作实践紧密联系的业务知识培训，开展职业技能、岗位技能和经济技术创新活动，推广应用新技术、新材料、新工艺，提高广大职工技术技能水平。

（六）积极协助政府和企业对转岗转业职工进行再就业培训和创业培训，并不断加大培训力度

帮助下岗、失业职工转变思想观念，振奋精神，为适应劳动力市场需要，主动充电，优化自身素质，增强就业本领，努力实现再就业。

（七）组织职工参加学历提升等科学文化知识教育活动

推进“求学圆梦行动”，有序组织职工通过成人高考、自学考试、国家开放大学免试入学等形式，参加成人学历教育学习，获得相应文凭证书，提高学历层次。

第二节 全国职工素质建设工程

全国职工素质建设工程是顺应时代发展和职工群众需要，在以往职工读书自学活动、“创建学习型组织，争做知识型职工”活动的基础上提升和发展起来的。

一、全国职工素质建设工程的兴起和发展

（一）职工读书自学活动

1982年，广大职工面对新时期历史重任，迫切希望在书中寻找知识和真理，掀起了读书热潮。全国总工会党组于1983年5月向中共中央书记处报送了《关于在职工中开展读书活动的报告》，同年6月，党中央批准转发了该报告，充分肯定了这项活动，认为组织开展职工读书活动既是一项重要的群众工作，也是加强和改进党的宣传教育工作和思想政治工作的一项重要措施。由此，以“振兴中华”为宗旨的读书自学活动在全国迅速蓬勃开展起来，规模不断发展壮大，学习内容、学科领域不断拓宽，学习质量和学习效果不断提高。

为使读书自学成才活动能够在全社会形成风尚，1993年5

月，全国总工会联合国家教委、国家科委、人事部、劳动部共同组成了全国职工自学成才奖评审委员会，负责组织推动此项活动，开展全国职工自学成才奖的评审表彰工作。这项由工会倡导的职工“振兴中华”读书自学活动，紧密结合党在各个时期的中心工作，从培育“四有”职工队伍入手，采取各种方法，通过多条途径，组织、引导职工读书自学、立志成才，在全面提高职工队伍素质方面起到了重要作用。

（二）“创建学习型组织，争做知识型职工”活动

进入21世纪，随着全球化、信息化的风起云涌以及知识经济时代的到来，各行各业对职工综合素质的要求越来越高，特别是对构成人力资本的劳动者的知识存量、技能水平的要求越来越高。2001年5月，在亚太经合组织人力资源能力建设高峰会议上，我国第一次提出了“创建学习型社会”目标，强调“教育是人力资源能力建设的基础，学习是提高人的能力的基本途径”，要“构筑终身教育体系，创建学习型社会”。2002年，党的十六大把“形成全民学习、终身学习的学习型社会，促进人的全面发展”作为全面建设小康社会的目标之一。2012年，党的十八大再次重申“建设学习型社会”目标。2017年，党的十九大强调，“加快建设学习型社会，大力提高国民素质”。2022年，党的二十大提出，“建设全民终身学习的学习型社会、学习型大国”。“建设学习型社会”是党中央向全党全国人民发出的伟大号召，是富有时代精神的战略要求。培育和造就一支高素质的知识型、技能型、创新型职工队伍，成为新时代实现新目标的重要任务。

为落实中共中央关于把提高职工素质作为长期战略任务的要求，促进“造就数以亿计的高素质劳动者、数以千万计的专门人才和一大批拔尖创新人才”目标的实现，2003年9月，全国总工会在进行大量调查研究基础上，向中央文明办、国家发

展改革委、教育部、科技部、国防科工委、人事部、劳动和社会保障部、国务院国资委、全国工商联等部门提出，联合在全国开展“创建学习型组织，争做知识型职工”活动（简称“创争”活动）建议。这一建议立即得到积极响应。2003 年 12 月，由上述十部委联合倡导的“创争”活动在北京正式启动。2004 年 1 月，成立了全国“创争”活动领导小组，负责宏观管理并指导活动开展。同时成立全国“创争”活动指导协调小组，具体组织实施全国“创争”活动各项工作；成立全国学习型组织、知识型职工评审委员会，在全国“创争”活动领导小组领导下，承担全国学习型组织标兵单位和知识型职工标兵评审认定工作。

全国“创争”活动领导小组定期评选表彰先进单位和个人，全国总工会对其中十个成绩特别突出的全国学习型组织标兵单位和十名知识型职工标兵分别授予全国五一劳动奖状和全国五一劳动奖章。从 2005 年到 2009 年，共进行了三届评选表彰。“创争”活动作为提高职工队伍素质、增强企业核心竞争能力的重要载体和手段，已经延伸到基层，落实到班组，为全面提高职工队伍整体素质，建设创新型企业、创新型国家，构建社会主义和谐社会作出了积极贡献，得到了企业和职工的广泛认可和欢迎，得到了社会的高度赞扬，成为群众性精神文明建设活动的知名品牌。

（三）全国职工素质建设工程

新世纪新阶段开创中国特色社会主义事业新局面，对中国工会提出了新的任务。中国工会十五大召开后，党中央要求，要充分发挥工会“大学校 ”作用，把提高职工队伍整体素质作为一项战略任务抓紧抓好。这为工会组织更好地全面提高职工素质，充分发挥工人阶级主力军作用指明了方向。

2008 年 12 月，全国总工会第十五届第二次执行委员会议通过《关于充分发挥工会“大学校”作用提高职工队伍整体素质的决议》。该决议指出了深刻认识充分发挥工会“大学校”作用，提高职工队伍整体素质的重大战略意义，提出了牢牢把握工会“大学校”建设的指导思想、总体目标、基本要求，切实加强领导，坚持和完善工会“大学校”建设的制度机制。

根据《关于充分发挥工会“大学校”作用提高职工队伍整体素质的决议》精神，2009 年 3 月，全国总工会印发了《中华全国总工会关于全面实施职工素质建设工程的意见》，第一次提出了大力提高职工的思想道德、民主法律、科学文化、技术技能、健康安全和社会文明六项素质，明确提出了全面实施职工素质建设工程的九项实践活动，并提出了努力建设一批工会系统职工素质教育基地等实施职工素质建设工程的保障机制和措施。

在《关于充分发挥工会“大学校”作用提高职工队伍整体素质的决议》和《中华全国总工会关于全面实施职工素质建设工程的意见》的基础上，2010 年 4 月，全国总工会印发《全国职工素质建设工程五年规划（2010—2014 年）》。该规划将职工整体素质细分为思想道德素质、科学文化素质、技术技能素质、民主法治素质、安全健康素质和社会文明素质六个方面，制定了详细的目标任务和推进办法，并提出了推进全国职工素质建设工程的具体实施办法和保障措施。各级工会按照该规划要求，全面开展职工素质建设工程，在五年中帮助 1000 多万职工提升了学历层次，2000 多万职工提升了技术等级，对 1000 多万城镇下岗失业人员和农民工进行了转岗就业培训、自主创业培训和职业技能培训，各项目标任务圆满完成。

《全国职工素质建设工程五年规划（ 2010—2014 年）》任务完成后，2015 年 4 月，全国总工会接着制定了《全国职工素质建设工程五年规划（2015—2019年）》，提出了加强职工队伍思想道德素质建设、科学文化素质建设、技术技能素质建设、民主法治素质建设、健康安全卫生素质建设五项目标任务，深入开展“中国梦·劳动美”主题教育实践活动、职工读书学习活动、职工职业道德建设活动、劳动竞赛和技术技能培训活动、民主法治宣传教育活动、群众性安全生产和职业病防治教育活动、职工文化体育活动等七项工作，以及切实加强组织领导、建立经费保障机制、加强职工教育培训阵地建设、完善考核激励机制等四项保障措施，继续大力推进培养职工职业精神和提高职工技术技能工作，通过建立资源集成、形式多样、贴近职工、务实有效的职工素质建设工程模式，培育形成一批职工素质建设工程品牌，努力建设一支强大的知识型、技术型、创新型职工队伍。

2017年4月，中共中央、国务院印发《新时期产业工人队伍建设改革方案》。《新时期产业工人队伍建设改革方案》专列了“构建产业工人技能形成体系”一节，从六个方面提出提升产业工人技能素质的具体措施。

2020年12月，全国总工会印发《全国职工素质建设工程五年规划（2021—2025年）》，提出到2025年，习近平新时代中国特色社会主义思想更加深入人心，广大职工践行社会主义核心价值观的自觉性不断加强，终身学习支撑保障更加有力，技能培训体系更加健全，教育培训效果更加显著，思想道德、科学文化、技术技能、民主法治、健康安全、社会文明素质明显提高，每年帮助30万职工特别是农民工提升学历水平，每年帮助60万职工提升技能等级，造就一支有理想守信念、懂技术会创新、敢担当讲奉献的宏大产业工人队伍。

二、实施全国职工素质建设工程的重大意义

当前我国正处于实现“十四五”规划和二〇三五年远景目标、夺取全面建设社会主义现代化国家新胜利的关键时期。全面推动经济发展和社会进步，实现中华民族伟大复兴的中国梦，从根本上说，取决于劳动者素质的提高和大量高素质人才的培养。党和国家一直推动建设一支知识型、技能型、创新型劳动者大军，弘扬劳模精神、劳动精神、工匠精神，营造劳动光荣的社会风尚和精益求精的敬业风气。实施全国职工素质建设工程，提高职工整体素质，是党和国家赋予工会组织的一项长期战略任务，具有重大的现实意义和深远的历史意义。

全面实施全国职工素质建设工程，培养和造就宏大的高素质职工队伍，是贯彻落实习近平新时代中国特色社会主义思想，适应我国经济已由高速增长阶段转向高质量发展阶段，深化供给侧结构性改革，加快职工队伍知识化进程的必然要求；是充分发挥工人阶级主力军作用，保持和发展工人阶级先进性的重大举措；是实施科教兴国战略、人才强国战略和创新驱动发展战略，建设人力资源强国的重要内容；是提高职工维护自身合法权益的能力和本领，促进职工全面发展的迫切需要。

全面实施全国职工素质建设工程，有利于进一步弘扬劳动光荣、知识崇高、人才宝贵、创造伟大的时代新风，推动形成尊重劳动、尊重知识、尊重人才、尊重创造的良好社会氛围；有利于进一步调动职工的积极性、主动性和创造性，让一切创造社会财富的源泉充分涌流，让每个职工的创造力和价值得到充分体现；有利于进一步发挥工会“大学校”的作用，培养造就一支有理想守信念、懂技术会创新、敢担当讲奉献的高素质职工队伍。

三、实施全国职工素质建设工程的指导思想和目标任务

（一）指导思想

坚持以习近平新时代中国特色社会主义思想为指导，深入贯彻习近平总书记关于工人阶级和工会工作的重要论述，围绕巩固党的执政基础、推进产业工人队伍建设改革，把提高职工队伍整体素质作为一项战略任务抓紧抓好，为劳动者成才创造良好条件，形成推进教育强国、科技强国、人才强国、文化强国、体育强国、健康中国建设的强大力量，为实现“十四五”规划和二〇三五年远景目标、夺取全面建设社会主义现代化国家新胜利作贡献。

（二）目标任务

到2025年，习近平新时代中国特色社会主义思想更加深入人心，广大职工践行社会主义核心价值观的自觉性不断加强，终身学习支撑保障更加有力，技能培训体系更加健全，教育培训效果更加显著，思想道德、科学文化、技术技能、民主法治、健康安全、社会文明素质明显提高，造就一支有理想守信念、懂技术会创新、敢担当讲奉献的宏大产业工人队伍。

加强思想道德素质建设，增强“四个意识”、坚定“四个自信”、做到“两个维护”。始终把学习贯彻习近平新时代中国特色社会主义思想作为首要政治任务，落实《中国共产党宣传工作条例》、《新时代公民道德建设实施纲要》、《新时代爱国主义教育实施纲要》，落实加强和改进新时代产业工人队伍思想政治工作要求，打牢广大职工团结奋斗的共同思想基础，引领职工坚定不移听党话、矢志不渝跟党走。

加强科学文化素质建设，提升职工队伍知识化水平。实施全民科学素质行动，弘扬科学精神，增加职工提升学历层次、

科学文化素养和从业能力的机会与途径。引导职工养成善于学习、勤于思考的习惯，实现学以养德、学以增智、学以致用。每年帮助 30 万职工特别是农民工提升学历水平。

加强技术技能素质建设，促进优秀技术工人脱颖而出。贯彻尊重劳动、尊重知识、尊重人才、尊重创造方针，推动落实《关于推行终身职业技能培训制度的意见》、《关于提高技术工人待遇的意见》，激励更多劳动者特别是青年人走技能成才、技能报国之路，培养更多高技能人才和大国工匠。每年帮助 60 万职工提升技能等级。

加强民主法治素质建设，提高职工守法自觉和维权能力。完善工会维权服务工作体系，加强新就业形态群体权益保障，推动健全保障职工主人翁地位的各项制度安排。提高职工权益保护法律法规知识知晓率。

加强健康安全素质建设，促进安全生产和体面劳动。传播普及健康理念和传染病防控知识，促进群众性安全生产和职业病防治工作，增强职工安全生产、健康生活以及应对突发公共卫生事件的素养和能力。

加强社会文明素质建设，培育健康文明、昂扬向上、全员参与的职工文化。落实《关于新时代文明实践志愿服务机制建设的实施方案》，深化群众性精神文明创建活动，推动广大职工形成适应新时代要求的思想观念、精神风貌、文明风尚、行为规范。

四、实施全国职工素质建设工程的主要措施

（一）思想道德素质建设方面

强化理论武装。紧密结合职工生产生活实际，运用传播领域新技术新手段，开展多形式、分层次、广覆盖的习近平新时代中国特色社会主义思想学习宣传教育。通过理论宣讲、演讲

比赛、知识竞赛等方式，用职工群众听得懂、听得进的语言，把党的创新理论讲透彻、讲鲜活。建立健全企业班组常态化学习制度，用“小故事”讲“大道理”，推动习近平新时代中国特色社会主义思想进基层、进企业、进车间、进头脑。

突出理想信念教育。深化中国特色社会主义和“中国梦·劳动美”、“网聚职工正能量 争做中国好网民”等主题宣传教育活动，壮大网络思政教育力量，推动形势任务、理想信念教育常态化制度化。充分利用重大事件纪念活动、爱国主义教育基地、国家公祭仪式等开展爱国主义、集体主义、社会主义教育。

加强道德修养。坚持以社会主义核心价值观为引领，结合传统节日、重大节庆，传承勤俭节约、艰苦奋斗等中华民族传统美德，动员职工广泛参与以职业道德建设为重点的“四德”建设，加强家庭、家教、家风建设。开展以劳动创造幸福为主题的宣传教育，选树宣传劳动模范、大国工匠、最美职工，组织“大国工匠进校园”、“劳模进校园”活动，弘扬劳模精神、劳动精神、工匠精神。

（二）科学文化素质建设方面

传播科学思想。充分利用工会媒体，结合科普日、科技周、健康中国行等活动，发挥职工技协作用，开展形式多样的主题科普活动，宣传科学发展观，宣传创新、协调、绿色、开放、共享发展理念，宣传节约资源、保护生态、改善环境等知识和观念。倡导科学方法，提升科学素养，抵制愚昧落后。

践行终身学习理念。推动完善现代职业教育制度，促进学历、非学历教育与职业培训衔接互认。利用现有资源及资源服务平台，搭建职工优质网络学习资源公共服务平台，建立网络课程、视频公开课、微课等多种类型的网络资源开放目录，发展在线教育和远程教育。

鼓励职工提升学历。深化“求学圆梦行动”，资助奖励更多职工实现学历与能力双提升。结合高职院校扩招，引导工会系统职工教育培训阵地积极参与。鼓励教育机构为职工提供网上报名、学习、考试、补贴申领等优质便捷的入学和学习方式。

（三）技术技能素质建设方面

广泛开展岗位练兵和技能竞赛。围绕“十四五”时期国家重大战略、重大工程、重大项目、重点产业，组织职工广泛深入持久开展各种形式的劳动和技能竞赛。健全完善劳动和技能竞赛机制体系，推动竞赛在促进区域联动、体现产业特色、丰富载体内容、加强机制建设等方面实现新突破，取得新进展。组织职工积极参与“五小”等群众性经济技术创新活动。

落实终身职业技能培训制度。推动各级工会整合培训资源，把学历教育、技能提升、就业培训统一起来，为产业工人提供普惠性、均等化的职业技能培训。实施“互联网+职业技能培训计划”，加强工匠学院、线下培训基地建设，丰富培训形式内容，为职工技能鉴定考试、职业生涯规划提供咨询服务。

促进形成尊重技能的社会风尚。推进高技能人才待遇、技能要素参与分配等纳入工资集体协商范围，推动完善和落实技术工人培养、使用、评价、考核机制，支持劳模和工匠人才（职工）创新工作室创建活动，打造大国工匠品牌，在全国劳动模范、全国五一劳动奖等评选中注重选树高技能产业工人。

（四）民主法治素质建设方面

加大普法力度。以“七五”普法验收和“八五”普法为抓手，开展“宪法宣传周”、“法治宣传周”等各种形式的法律宣传活动，重点宣传《宪法》、《民法典》、《工会法》、《劳动法》、《劳动合同法》、《妇女权益保障法》等法律法规。加强普法宣讲团建设，注重以案释法，坚持送法下基层、进企业。

扩大法律服务覆盖面。贯彻落实总体国家安全观，完善工会维权服务体系，加强对被拖欠工资农民工的法律援助和生活救助。开展“尊法守法·携手筑梦”服务农民工公益法律服务行动，推动建立健全劳动争议协商解决机制、企业劳动争议调解委员会和行业性、区域性调解组织。建设工会法律服务网上平台，组织开展网上法律服务工作。

组织职工参与民主管理和集体协商工作。健全以职工代表大会为基本形式的企业民主管理制度体系，推进厂务公开制度化、规范化，完善职工董事、职工监事制度。围绕就业培训、工资收入、劳动保护、休息休假、考核奖惩、职工福利费和教育经费使用等劳动关系重要问题开展协商协调。开展形式多样的职工代表提案征集活动，丰富职工民主参与形式。

（五）健康安全素质建设方面

开展职业安全健康教育。聚焦重点行业、重点项目、重点人群，加强安全教育培训，围绕安全生产薄弱环节，加大重点行业领域开展“安康杯”竞赛活动力度。

提升健康教育质量。灵活运用各类媒体，通过健康讲堂、讲座等形式，普及传染病防治科学知识，传播公共卫生健康知识，开展增强忧患意识、防范化解重大突发公共卫生风险宣传教育。推广建立企业“心理驿站”，加大对职工的人文关怀，帮助职工缓解心理压力。

推动工会劳动保护工作创新发展。积极参与国家安全生产巡查考核和特别重大生产安全事故调查处理工作。发挥工会劳动保护监督检查员和特聘煤矿群众监督员作用，通过集体协商、职工代表大会等途径，督促用人单位按照《工会法》、《安全生产法》、《职业病防治法》等法规政策要求，落实劳动保护主体责任。

（六）社会文明素质建设方面

打造职工志愿服务品牌。推进以“农民工平安返乡”、“关爱困难职工”等为主题的“送温暖”职工志愿服务，拓展职工志愿服务内容，推动岗位学雷锋活动覆盖各行各业。发挥产业工会作用，常态化开展以文明礼仪知识普及、法律宣传、普通话推广、扶贫助困、教育医疗服务等为主要内容的职工志愿服务活动，引导职工积极参与文明企业、文明车间、文明班组等群众性精神文明创建活动。

推进职工文化建设。贯彻落实《关于加强新时代职工文化建设的指导意见》，以“五一”特别节目、“中国梦·劳动美”文化活动等为载体，推动特色鲜明、思想性艺术性俱佳的职工文化品牌和精品不断涌现。发挥各类职工文化体育阵地和职工文艺团体作用，传播传承弘扬中华优秀传统文化、革命文化、社会主义先进文化。开展形式多样的线上线下阅读学习活动和“文化送温暖”活动，发展积极健康的工会网络文化。

五、实施全国职工素质建设工程的组织措施

（一）加强组织领导

各级工会要把提升职工素质作为推进产业工人队伍建设改革的重要任务，结合本地区工作实际，制定实施方案。强化责任担当，突出工作重点，加强调查研究，统筹力量、科学规划，加强规划实施的协调指导，杜绝形式主义。

（二）保障经费投入

建立多元化的经费投入体系。县级以上工会本级经费收支预算中，根据年度任务安排，给予职工素质建设工程经费保障。引导企业履行好自身职责，加大教育培训投入力度，督促企业按规定足额提取并用好职工教育经费。广泛吸纳社会资金，拓

宽培训经费筹资渠道。

（三）丰富学习平台

充分发挥工会报刊、网站、职工学校和工人文化宫（俱乐部）、职工教育培训基地、职工书屋等宣传教育阵地作用。积极运用App、短视频、微信等移动新媒体，推进“互联网+职工素质建设工程”模式，搭建职工在线学习平台，发展在线教育，为职工终身学习提供便利条件。

（四）营造舆论氛围

坚持典型引路，不断完善推进职工素质建设工程的工作机制，推动职工素质提升活动常态化、长效化。充分发挥报刊、广播、电视等传统媒体和网站、“三微一端”等新媒体平台作用，组织形式多样的宣传活动，传播知识，讲好故事，营造劳动光荣、技能宝贵、创造伟大的社会氛围。

第三节　工会系统各类职工学校

工会系统各类职工学校主要是指工会主办的职工大学、职工中等学校、文化宫培训中心、职业技能培训鉴定中心、农民工业余学校以及再就业培训中心等。工会系统各类职工学校是我国文化教育事业的重要组成部分，是工会所属社会公益性文化事业单位，是工会履行教育职能、密切联系职工群众、扩大工会影响的重要阵地。2006年6月，全国总工会为贯彻落实国务院关于大力发展职业教育的决定精神，印发了《关于工会系统各类职工学校改革与发展的意见》，进一步推动工会系统各类职工学校改革与发展。

一、工会系统各类职工学校的职能与任务

工会系统各类职工学校是社会公益性事业单位，为实现工

会各项社会职能和工作目标服务。工会系统各类职工学校主要任务就是要结合工会特点，发挥自身优势，成为实施全国职工素质建设工程重要阵地，为提高职工队伍整体素质提供服务。大力加强职业技能培训和创业培训，着力提高广大职工科学文化、技术技能和业务素质，增强职工学习能力、创新能力、竞争能力、创业能力，实现培养数以亿计的高素质劳动者和数以千万计的高技能人才目标。

二、工会系统各类职工学校的改革与发展

目前，我国经济已由高速增长阶段转向高质量发展阶段，正处在转变发展方式、优化经济结构、转换增长动力的攻关期。进一步深化工会系统各类职工学校的改革与发展，调整办学格局，改进人才培养模式，加大岗位培训和职业教育力度，提升工会办学质量，加快推进职工教育现代化，培养大批技术技能人才和高素质劳动者，加强产业工人队伍建设，既是工会组织在新时代主动顺应形势变化、全面落实习近平新时代中国特色社会主义思想的重要举措，也是工会系统职工学校面临的一项十分重要而紧迫的任务。

（一）办学方向和任务

坚持面向市场、服务产业转型升级的办学方向，坚持工学结合、知行合一、德技并修，弘扬劳模精神、劳动精神、工匠精神，努力造就源源不断的高素质产业大军，投身大众创业万众创新，为更好发挥我国人力资源和人才资源优势、推动中国品牌走向世界、促进实体经济迈向中高端作出新的更大贡献。坚持面向社会、面向企业、面向职工，主动适应社会主义市场经济发展要求，使工会办学与促进职工体面劳动、实现充分就业紧密结合；坚持以市场为导向，优化教育资源配置，建立以职业技术教育培训为重点，以服务职工为宗旨，以提高职工职

业能力为目标的职工学校运作新机制，推动工会职工学校由以成人学历教育为主向以职业技能教育培训为主转变，由小规模松散式培训向实施正规化、系统化、规模化、联盟化的职业技能教育转变，由依据自身教育资源优势定位培训科目向校企结合、产教融合方向转变，努力形成科学化管理、市场化运作、集团化发展的工会办学新格局。

（二）工作目标与基本思路

1. 工作目标。

坚持教育创新，深化教育改革；发挥资源优势，优化结构布局；改善办学条件，提高教育质量；办出工会特色，增强学校活力。推进工会系统职工学校的改革，找准工会职工学校在我国教育领域的定位。把工会办学重点逐步转移到职业教育、岗位培训、继续教育和终身教育上来，进一步加强职业教育、继续教育、普通教育的有机衔接，坚持产教融合、校企合作、工学结合、知行合一，创新各层次各类型工会办学教育新模式。积极有效地融入地区经济建设和社会全面进步之中。坚持以拓展职业教育功能为核心、以提高学员就业能力和创业能力为导向、以全面提高职工队伍素质为目的的办学方向，统筹发展职业学校教育和职业培训，建立覆盖广泛、形式多样、运作规范，行业、企业、院校、社会力量共同参与的职业教育培训体系，促进学历与非学历教育纵向衔接联通、横向互通互认，把工会职工学校办成面向社会的、开放的、多功能的教育培训中心。

2. 基本思路。

（1）加强力量，重点建设好一批示范性工会职工学校。在全国有目标、有重点地由各级工会共同扶持办好一批基础条件较好、办学规模较大、办学实力较强、在当地具有长期的社会需要、水平较高的综合性、多功能的职工学校和职业教育培训基地。

（2）调整工会办学布局结构，以资产多元化思维谋求职工学校发展。工会系统内部进行资产重组，在有效盘活现有资产基础上，整合和利用各种教育资源，合理规划工会学校布局，提高办学效率，壮大学校实力。有条件的单位，在不改变单位性质、编制情况下，引入企业管理方法，对工会学校从业人员实行聘任制、合同制，实行教职员工档案工资与实际工资分离，实际工资与单位效益、个人实绩挂钩的分配方式。

（3）探索校企联合、校区联合、校镇联合，建立开放型、综合型、职业型、技艺型等办学模式，形成多渠道、多层次、多规格办学新格局。广泛吸引社会资金，探索以学校为中心，辐射周边广大地区的工会办学新体制。在与政府共建、合作办学过程中，主管工会应有相应的管理权和原有学校资产的所有权。

（4）进一步加强基础设施建设，规范管理和增强服务功能，按照本地的就业需求开展职业培训，增强办学针对性和实效性。从实际出发制定培训规划，量化目标要求，细化措施办法，确保培训计划的完成。加强与就业服务机构和用人单位的联系，积极开展自谋职业和集体创业培训，通过开展“订单式培训”、“个性化培训”以及一站式培训等定向培训，把培训就业技能与提供就业信息和咨询服务有机结合起来，使更多的受训人员实现就业和再就业。

（5）打破学校所有制结构单一的局面，尝试多种办学模式。工（会）有民办，即学校的土地、校舍、设备等仍属工会资产，学校按照民办机制运行。一校两制，即在同一学校，校产工（会）有，一部分按现行体制运行，承担工会干部培训和工会其他培训任务；另一部分则改为民办体制，经费自筹，由用人单位委托办学。借鉴企业改革的成功经验，尝试股份制办学模式，对内吸引教职工参股，对外广泛吸引企业、事业单位、个人等社会资金，形成多元化筹措办学发展资金的渠道；采取按股份分红等多种分配制度；成立董事会，董事会聘任校长作为独立法人，自主管理学校，实现资产所有权与办学权的分离。

三、新时代工会办学的探索与实践

近年来，国家不断加大教育改革力度，工会办学在国家教育体制改革和布局结构调整中也发生了较大变化。工会职工学校不断深化改革，调整办学思路，一方面从加强学校各项管理入手，不断提高教学质量，以质量求生存，以质量促发展；另一方面主动适应工会全局工作需要，在履行工会基本职能中找准位置，根据职工和人才市场需求，积极开展各类职业培训和岗位培训，形成工会办学特色。

（一）主动适应形势发展，服务更加贴近职工

随着企业改革、技术进步和经济结构调整逐步深入，工会各类职工学校由学历教育为主转向对职工进行技术技能教育培训为主，把对下岗、失业职工进行再就业培训和提升农民工素质作为重中之重，在教学方式上转变思路，促进服务效能提升，借助“互联网+”模式，突破时空限制，对职工进行网上学习教育培训，为职工提供更方便的培训服务。同时注重实行思想教育、职业道德教育和技能培训相结合，帮助职工转变观念、坚定信心，以良好的思想和技术技能素质尽快实现就业。

（二）整合内部资产，实现资产重组、优势互补

地方工会主管的职工学校与工会干部院校合并后的学校，同时承担工会干部教育和职工教育的双重任务。通过工会内部教育资产重组，加强工会办学实力，最大限度地调动教职员工积极性，促使学校更加坚定面向工会、面向职工、面向企业的办学方向，提升工会院校办学层次，增强工会干部培训力量和

办学灵活性，强化职工文化技术教育、职工岗位培训和继续教育，加强对下岗转岗职工的再就业培训。实践证明，工会内部联合办学是增强工会办学实力、增强市场竞争能力的好方法，是提高工会办学总体效益的重要途径，也是当前工会事业发展的必然趋势。

（三）创新工会办学运行机制

工会职工学校围绕更新观念、增强活力、完善机制等进行多方面探索，一些省总工会探索建立适应社会主义市场经济体制要求的工会系统文化教育管理体制和运行机制，实行会事分开，明确产权、明确责权，按市场经济规律办事，建立多元化投资体制，给学校以自主权，从而加速了职工学校深化改革的步伐。有些职工学校在工会的领导下，依靠职工群众，尝试将学校的资产权与办学权分离，职工以参股形式买断学校的办学自主权，学校成为不游离于工会组织之外（资产约束与管理）的独立市场办学主体，使学校管理体制更加灵活，充满生机与活力。

（四）为工会重点工作服务，在全面提高职工素质上不断探索闯出新路

全国职工素质建设工程实施以来，工会职工学校积极参与此项活动。许多省市总工会为更好维护职工在学习、发展和精神文化方面的权益，建设高素质职工队伍，与政府有关部门共同组织实施职工素质建设工程，建立和完善职工素质教育体系、技能人才培养体系、创新成果转化体系。依托职工学校职工素质教育体系，完善开放式职工学习模式，健全菜单式课程选择机制，夯实职工素质建设工程的基础；依托技能人才培养体系，培养一大批技术技能人才，让职工学校成为开展职工教育培训的主要基地，为职工学习教育提供有效平台，培养知识技能型、技术技能型和复合技能型技能人才队伍，完成职工素质建设工

程的核心任务服务。有的学校推出“学分银行计划”、“农民工大学生助推计划”、“在职职工职业发展助推计划”等，为职工成才成长提供机会。有的学校大力弘扬劳模精神、劳动精神、工匠精神，通过邀请大国工匠走进职工学校与学生面对面交流，诠释和展现工匠精神，激励学生坚定理想信念、提升职业素养。有的学校实行校企联合，在学校建立劳模大师、大国工匠工作室，打通学生向高技能人才学习技术技能的通道。

思考题：

1. 工会开展职工科学素质教育的目标任务是什么？
2. 实施全国职工素质建设工程的重要意义是什么？
3. 实施职工素质建设工程的实践活动有哪些？

第四章　工会新闻宣传工作

工会新闻宣传工作是党的新闻宣传工作和工会工作的重要组成部分，是工会服务党和国家工作大局、服务工会中心工作、扩大工会组织影响力、增强工会组织凝聚力的重要渠道，是加强职工思想政治工作的重要手段，为工会工作的创新发展提供理论指导、精神支柱、舆论力量、智力支持和文化条件。

做好工会新闻宣传工作，事关贯彻落实习近平新时代中国特色社会主义思想，事关建设具有强大凝聚力和引领力的社会主义意识形态，事关巩固党执政的阶级基础和群众基础，事关坚持和发展中国特色社会主义工会发展道路。要深刻认识工会新闻宣传工作在党的新闻宣传工作和工会事业发展全局中的重要作用，增强做好工会新闻宣传工作的自觉性和坚定性。

第一节　工会新闻宣传工作的基本性质和基本原则

一、工会新闻宣传工作的基本性质

工会新闻宣传工作的基本性质取决于工会组织的基本性质，取决于中国工会在国家经济、政治和文化建设中的地位和作用。中国工会是党联系职工群众的桥梁和纽带、国家政权的重要社会支柱、职工利益的代表者和维护者，其鲜明的政治性、先进性和群众性决定了工会新闻宣传工作的基本属性。

首先，工会新闻宣传工作以宣传党的理论和路线方针政策，增强党的阶级基础、扩大党的群众基础、巩固党的执政地位为己任，团结引领广大职工群众坚定不移听党话、跟党走，奋进新征程、建功新时代，为实现中华民族伟大复兴的中国梦而不懈奋斗。这是工会新闻宣传工作所肩负的重要政治使命，体现了工会新闻宣传工作鲜明的政治性。其次，我国是工人阶级领导的、以工农联盟为基础的人民民主专政的社会主义国家。工人阶级是先进生产力和生产关系的代表。工人阶级在国家制度中的领导地位，决定了工会新闻宣传工作必须贯彻落实以人民为中心的发展思想，坚持党的全心全意依靠工人阶级的方针，宣传工人阶级在国家经济社会发展中的主力军作用。这是工会新闻宣传工作先进性的内在要求。最后，中国工会是工人阶级的群众组织，工会新闻宣传工作坚持把广大职工对美好生活的向往作为工会的奋斗目标，把切实维护好职工各项权益作为基本职责，把表达民声民意作为主要内容。这是工会新闻宣传工作群众性的具体体现。

工会新闻宣传工作的主要职责是：大力宣传习近平新时代中国特色社会主义思想，宣传党的全心全意依靠工人阶级的方针，宣传我国工人阶级在国家经济社会发展中的主力军作用，弘扬劳模精神、劳动精神、工匠精神，宣传中国特色社会主义工会发展道路，表达中国工会依法履行其社会职能的立场、观点、意见和主张，反映各级工会切实维护职工合法权益突出成效，为工会工作营造良好的社会舆论环境。

二、工会新闻宣传工作的基本原则

（一）党性原则

必须牢牢坚持党对工会新闻宣传工作的领导，坚持正确政治方向，坚持以人民为中心的工作导向。工会新闻宣传要宣传党的主张、贯彻党的决定，维护党中央权威、维护党的团结，做到爱党、护党、为党；要增强政治意识、大局意识、核心意识、看齐意识，自觉维护党中央权威和集中统一领导，自觉在思想上政治上行动上同以习近平同志为核心的党中央保持高度一致；要坚持党性和人民性相统一，把党的理论和路线方针政策变成职工群众的自觉行动，及时把职工群众创造的经验和面临的实际情况反映出来，丰富职工群众精神世界，增强职工群众精神力量。

（二）正面宣传为主原则

坚持团结稳定鼓劲、正面宣传为主，是党的新闻舆论工作必须遵循的基本方针。工会新闻宣传工作作为团结和动员广大职工群众积极为实现中华民族伟大复兴的中国梦而不懈奋斗的重要途径和方式，必须在导向、主张及口径上与党和国家各项方针政策、法律法规相一致。要牢牢坚持正确舆论导向，坚持团结稳定鼓劲、正面宣传为主的方针，深入宣传习近平新时代中国特色社会主义思想，引导职工群众深刻领悟“两个确立”的决定性意义，增强“四个意识”、坚定“四个自信”、做到“两个维护”，唱响主旋律，传播正能量，壮大主流思想舆论。

（三）围绕中心、服务大局原则

工会新闻宣传工作要适应国内外形势发展，必须坚持从党和国家的工作大局出发，找准定位。紧紧围绕党和国家工作大局以及工会工作全局，积极谋划工作的着力点和突破口。团结动员广大职工充分发挥主力军作用，为实现经济社会发展各项目标任务贡献智慧和力量，在全面建设社会主义现代化国家、实现第二个百年奋斗目标的新征程上建功立业。有力推进产业工人队伍建设改革，扎实做好新就业形态劳动者工会工作，切实做好维护职工合法权益和服务职工工作，开创工会工作新局面；大力弘扬劳模精神、劳动精神、工匠精神，讲好劳模故事、劳动故事、工匠故事，引导动员广大职工积极投身到实现中华民族伟大复兴的中国梦的实践中去。

（四）服务职工原则

人民是历史的创造者，是决定党和国家前途命运的根本力量。工会新闻宣传要坚持职工主体地位，坚持“三贴近”原则，深入基层、深入实际、深入职工群众，把工会新闻宣传的视角对准基层一线，对准职工群众，反映职工心声，表达职工愿望，引导职工情绪，畅通职工诉求渠道，讲好普通劳动者的感人故事，传递正能量，满足职工群众对美好生活的新期待。

（五）守正创新原则

工会新闻宣传工作要坚持守正创新原则。“守正”，即守信念之正，就是要坚持党性原则，在马克思主义新闻观的指导下开展工会新闻宣传工作。“创新”，就是要及时转变传播思维，创新理念、语态、方法、手段，增强工会新闻宣传工作的针对性和实效性，努力提高工会新闻宣传工作科学化水平。要转变身份认知，调整传播语态，向着平等化、贴近化、融合化、互动化的方向发展，从传统的政策信息“传声筒”转变为“翻译官”。要主动适应分众化、差异化传播趋势，积极借助新媒体传播优势，改变表现形式，对宏大主题做细分化拆解、趣味化表达，以职工群众喜闻乐见、易于接受的方式进行新闻宣传，切实增强影响力和引导力。

第二节　工会新闻宣传工作的主要任务

一、大力宣传习近平新时代中国特色社会主义思想，宣传党的路线方针政策

工会新闻宣传工作要坚持以习近平新时代中国特色社会主

义思想为指导，深入学习宣传贯彻习近平总书记关于工人阶级和工会工作的重要论述，深刻领悟“两个确立”的决定性意义，增强“四个意识”、坚定“四个自信”、做到“两个维护”。要以职工喜闻乐见的形式，深入宣传党的基本理论、基本路线、基本方略，大力宣传党和国家事业取得的历史性成就、发生的历史性变革，大力宣传习近平总书记在领导党和人民应变局、开新局的伟大实践中提出的一系列原创性的治国理政新理念新思想新战略，引导广大职工增强对中国共产党领导和中国特色社会主义制度的政治认同、思想认同、理论认同、情感认同，更加紧密地团结在以习近平同志为核心的党中央周围。

二、大力宣传全心全意依靠工人阶级的方针

习近平总书记强调，工人阶级是我国的领导阶级，是我国先进生产力和生产关系的代表，是我们党最坚实最可靠的阶级基础，坚持和发展中国特色社会主义，必须全心全意依靠工人阶级、巩固工人阶级的领导阶级地位，充分发挥工人阶级的主力军作用。工会新闻宣传工作要大力宣传党的全心全意依靠工人阶级的方针，大力宣传党中央对工人阶级的高度重视、对工会工作的殷切期望、对广大职工的关心关爱，大力宣传中国特色社会主义工会发展道路，广泛宣传工人阶级的不平凡业绩，不断巩固壮大主流思想舆论。

三、大力弘扬劳模精神、劳动精神、工匠精神

劳模精神、劳动精神、工匠精神是民族精神和时代精神的生动体现，是中国共产党人精神谱系的重要组成部分。工会新闻宣传工作要始终坚持弘扬劳模精神、劳动精神、工匠精神，要加强与有关部委和主要媒体的合作，发挥工会媒体主阵地作用，不断加大对劳动模范和大国工匠的宣传力度，宣传好新就

业形态劳动者群体中涌现出的先进典型，持续开展“最美职工”、“大国工匠”等主题宣传，讲好劳模故事、劳动故事、工匠故事，营造劳动光荣的社会风尚和精益求精的敬业风气。

四、围绕工会工作全局开展新闻宣传

工会新闻宣传工作要紧紧围绕党和国家工作大局以及工会工作全局，大力宣传工会保持和增强政治性、先进性、群众性，发挥好党联系职工群众的桥梁纽带作用，履行引导职工听党话、跟党走政治职责，扎实推进产业工人队伍建设改革、深入推进工会改革创新的积极作为和显著成效。围绕工会重要文件、重点工作、重要会议和活动，及时发布重要信息，及时报道各级工会的工作和成绩，特别是基层工会和一线职工在实践中创造的典型经验。聚焦维护职工合法权益、竭诚服务职工群众基本职责，忠实反映职工愿望要求，当好职工群众的“代言人”。

五、发挥好工会媒体的主阵地作用

工人日报、中国工人出版社、中工网、《中国工人》杂志和地方工人报刊、网站是党和国家新闻出版事业的重要组成部分，是工会组织舆论宣传的主阵地，工会系统微博、微信公众号、微视、客户端等新媒体平台是工会开展新闻宣传工作的重要载体。要积极稳妥地推进工人报刊的改革发展，努力提高办报办刊质量，办出“工”字风格，不断扩大影响力。要强化互联网思维和一体化发展理念，有效整合报、网、刊资源力量，推进工会媒体融合向纵深发展。要加强议题设置，把更多的镜头、话筒对准工人阶级，通过典型宣传、热点引导等方式，提高工会新闻宣传工作水平，增强宣传实效。

第三节　工会新闻宣传工作的管理

一、工会新闻宣传工作的机构设置

全国总工会宣传教育部是全国总工会新闻宣传工作的职能部门，承担着工会新闻宣传策划与组织实施的职责。1996 年，全国总工会成立新闻中心，日常工作由宣传教育部新闻处承担。2004 年，全国总工会制定了《中华全国总工会新闻宣传工作管理暂行规定》。2005 年，全国总工会与中央宣传部联合下发了《关于进一步加强新时期工人阶级新闻宣传的意见》。2011 年，修订了《中华全国总工会新闻宣传和舆情工作管理规定》。2019 年，印发了《中华全国总工会关于加强和改进工会新闻舆论工作的意见》。近年来，各级工会对加强工会新闻宣传工作的重视程度不断提高，全国大多数省（区、市）总工会设立了新闻宣传工作机构，制定了新闻宣传工作制度，配备了新闻宣传专兼职工作人员，加大了对新闻宣传工作的投入，加强了工会新闻宣传工作的管理。

（一）全国总工会新闻中心

全国总工会新闻中心是全国总工会书记处直接领导的新闻宣传工作管理和综合协调机构，统一协调组织全国总工会的新闻宣传工作，新闻中心主任由分管宣传工作的全国总工会领导担任，副主任由宣传教育部部长担任。新闻中心办公室设在宣传教育部，其职责由宣传教育部新闻处承担。

全国总工会新闻中心的主要职责是：提出新时代工会新闻宣传工作新思路；推进工会新闻宣传工作制度建设；组织全国总工会重要会议、重大活动和重点工作的新闻宣传，发布工会新闻；宣传劳模、工匠典型；协调中央主要新闻媒体采访报道；

指导各地工会新闻宣传工作。

（二）各级地方工会宣传教育部（新闻中心）

地方工会宣传教育部是所在地方工会重要新闻信息的主要来源，各级地方工会宣传教育部（新闻中心）是该地方工会新闻宣传工作的职能部门。其主要职责是：负责本地区工会的新闻宣传工作，实施本级工会新闻宣传计划；策划组织本地区工会的重要会议、重要活动和重点工作的新闻宣传；协调当地主要新闻媒体进行采访报道；搜集和提供新闻宣传线索，为中央主要媒体采访报道提供相关服务。下级工会宣传教育部（新闻中心）一般向上一级工会对口职能部门提供新闻线索并接受上一级对口职能部门的业务指导。

（三）工会媒体

工会媒体是工会新闻宣传的主阵地和面向社会的窗口，工会媒体主要由工会报、刊、网站及新媒体账号组成。工会报、刊、网站包括工人日报、中工网、《中国工人》、《中国工运》等全国总工会主管（主办）的报、刊、网站及各级工会主管（主办）的报、刊、网站。工会新媒体账号是指全国各级工会及工会报、刊、网站依托数字技术、网络技术，通过互联网渠道，利用电脑、手机等终端，开设的各类具有传播属性的账号，包括“三微一端”、学习强国及抖音、快手、今日头条等各类新媒体平台账号。

工会媒体的主要职责是：宣传党的理论和路线方针政策；宣传工人阶级在推动经济发展、社会进步中发挥的主力军作用；大力弘扬劳模精神、劳动精神、工匠精神；围绕工会中心工作，宣传全国总工会的工作部署及政策主张，报道各地工会工作情况；坚持工会密切联系职工群众的特色，宣传各级工会服务基层、服务职工的典型事例；重点反映基层和广大职工群众关注的热点问题。

此外，各全国产业工会、全国总工会各部门、各直属单位是提供工会新闻信息的重要渠道。其主要职责是：围绕本级工会年度工作计划和安排，负责提供本系统、本部门、本单位年度重点工作的宣传报道计划；收集和提供与本系统、本部门、本单位工作相关的新闻线索和典型事例；为中央主要新闻媒体宣传工会工作提供相应的服务。

二、工会新闻宣传工作的有关制度

（一）工会新闻发言人制度

2015 年，全国总工会制定了《关于建立健全工会新闻发言人制度的办法》，提出要建立健全工会新闻发言人制度，进一步加强工会新闻发布工作。根据该办法，全国总工会新闻发言人由宣传教育部部长担任，代表全国总工会对外发布新闻，必要时由全国总工会书记处领导或相关单位负责人发布新闻或回答记者提问。

工会新闻发言人的主要职责是代表本级工会对外发布新闻。工会新闻发言人在发布新闻时，要紧紧围绕党和国家工作大局以及工会工作全局，坚持凝神聚焦发力、团结稳定鼓劲，着力把握以下重点：

一是宣传中央重大决策部署。及时跟进中央出台的一系列重大决策部署，特别是涉及职工权益的重大方针政策，在准确领会中央精神的基础上，结合职工群众实际，做好宣传阐释工作，用中央精神统一职工群众思想，形成正确舆论导向。

二是宣传工会的重点工作和重要主张。围绕工会重要文件、重点工作、重要会议和活动，及时发布工会重要信息，并做好相关解读工作，为推进工作营造良好氛围。

三是回应涉及工会和职工的社会热点。针对涉及工会和职工的热点问题，以及媒体和职工的疑虑及诉求，主动、准确发布信息，释疑解惑，澄清事实。

四是应对突发事件。按照“及时准确、公开透明、有序开放、有效管理、正确引导”的原则，稳妥慎重、及时权威发布涉及工会和职工的突发事件信息，做到全面准确表述、适时适度发声，有效引导舆论导向，为妥善处置突发事件营造良好的舆论环境。

（二）工会新闻发布会制度

工会的重点工作、重大活动和重要举措需要及时召开新闻发布会进行发布。其主要包括：需要向社会公布的全国总工会重点工作、重要信息；属于全国总工会职责范围内并需要公开说明的相关情况；对与工会有关的社会热点问题，需要表明的全国总工会立场、态度等。全国总工会新闻中心负责工会新闻发布会的协调、组织实施等工作。

（三）工会宣传引导工作机制

为增强工会宣传工作的主动性、针对性和指导性，2021年，全国总工会宣传教育部研究起草了《全国总工会重点宣传计划工作机制》、《全国总工会重大题材宣传报道工作机制》、《全国总工会与中央主要新闻媒体（网站）沟通工作机制》、《工会舆情监测研判处置工作机制》等工会宣传引导工作机制。

1. 重点宣传计划工作机制。

该机制是为统筹指导工会新闻舆论工作，切实增强工会新闻宣传的主动性、针对性、指导性，提高工会新闻舆论的传播力、引导力、影响力、公信力而制定的。

重点宣传计划工作机制的工作原则是：按照全国总工会党组、书记处指示，围绕全国总工会重点工作、重要会议、重大活动等，建立由全国总工会宣传教育部牵头，网络工作部协同，业务部门参与，中央媒体、本级工会媒体、地方工会媒体、工会新媒体协同联动的全国总工会重点宣传计划工作机制，把握时、度、效，打好主动仗，形成工会上下、系统内外、网上网下同频共振的宣传合力，做到年度宣传有计划、季度宣传有热点、阶段宣传有特色。

重点宣传计划工作机制的宣传范围包括：全国总工会贯彻落实习近平总书记重要指示精神和党中央决策部署的重大举措、成效；以全国总工会名义出台的年度重要文件；以全国总工会名义组织召开的年度重要会议；以全国总工会名义形成的年度重大调研成果；大力弘扬劳模精神、劳动精神、工匠精神的经验做法，新时期产业工人的精神风貌，劳动模范、大国工匠、能工巧匠的先进事迹等；其他重大宣传任务。

重点宣传计划工作机制的工作流程是：年初根据全国总工会年度工作要点，梳理各项重点工作、重要会议、重大活动等，在统筹协调的基础上，制定全国总工会年度新闻宣传计划，作出整体宣传部署；每季度初，结合当前工作进展，确定季度宣传重点；遇全国总工会党组、书记处即时部署的重大宣传任务，根据情况，及时召集业务部门协商，了解宣传意愿和口径，制定专项宣传安排，明确责任分工。

2. 重大题材宣传报道工作机制。

该机制是为统筹谋划工会新闻宣传工作，整合工会内外宣传资源，形成合力，进一步宣传好全国总工会重点工作而制定的。

重大题材宣传报道工作机制的工作原则、宣传范围与重点宣传计划工作机制一致，其工作流程为：根据全国总工会年度工作要点，梳理各项重点工作、重要会议、重大活动等，在统筹协调的基础上，确定宣传重大题材，作出整体宣传部署。

确定为重大题材的宣传项目，由全国总工会宣传教育部召集有关业务部门协商，了解宣传意愿和口径，明确具体分工：全国总工会宣传教育部负责重大题材宣传报道的具体组织实施，包括制定方案、召开发布会、组织采访、宣传典型等，统筹协调中央媒体，指导本级工会媒体、地方工会媒体、工会新媒体共同做好宣传；全国总工会业务部门根据分工提供宣传素材、典型经验、受访专家等，配合做好对外发布、阐释解读等工作；全国总工会网络工作部做好重大题材报道舆情监测，协调工会新媒体、工会网评队伍做好重大报道转、赞、评等舆论引导工作。

3. 与中央主要新闻媒体（网站）沟通工作机制。

该机制是为增强工会新闻宣传工作的主动性、系统性和前瞻性，借势借力宣传好工会工作而制定的。

与中央主要新闻媒体（网站）沟通工作机制主要沟通对象为中央主要新闻媒体（网站）、全国总工会主管工会媒体。沟通内容应聚焦社会关注，聚焦职工关切，聚焦维权服务，突出建会入会工作，围绕全国总工会年度新闻宣传计划，加强与媒体的沟通联系。

与中央主要新闻媒体（网站）沟通工作机制按照分层分级沟通原则，包括全国总工会领导定期沟通、全国总工会宣传教育部负责同志定期沟通、全国总工会有关部门负责同志适时沟通、特殊情况即时沟通等。

4. 工会舆情监测研判处置工作机制。

工会舆情监测研判处置工作机制是为做好工会舆情监测、研判和处置工作，科学、精确、快速处置工会舆情，有力维护职工队伍稳定而制定的。该机制明确，工会舆情监测研判处置工作由全国总工会宣传教育部、社会联络部、网络工作部及业务部门按照有关规定执行。

5. 快速响应新闻发布机制、舆情引导机制。

为构建落实“五个坚决”要求长效机制，2021年，由全国总工会宣传教育部牵头制定了快速响应新闻发布机制、舆情引导机制。按照机制要求，组织实施快速响应新闻发布及舆情引导工作，要严格贯彻落实意识形态工作责任制，在全国总工会领导小组领导下，全国总工会宣传教育部、网络工作部及有关成员单位，按照各自分工抓好相关工作落实。

6. 归口管理制度。

归口管理，是指全国总工会新闻中心统一负责全国总工会新闻的对外发布与新闻采访对内协调，是向媒体发布全国总工会新闻的唯一出口，是中央媒体、工会媒体及其他各类媒体与全国总工会对接的唯一入口。各单位的重要通知文件、重要会议、重大活动、工作成效、调研成果等，由全国总工会新闻中心联系媒体发布。

境外及港澳台新闻媒体的采访活动，由全国总工会新闻中心统一协调，全国总工会国际部和中国职工对外交流中心组织实施。

第四节　工会新闻宣传活动的组织实施

一、工会新闻宣传活动需考虑的具体要素

（一）宣传内容必须具有新闻性

进行新闻宣传前，必须思考如下问题：对媒体来说，它们需要知道这一事件吗？以前是否报道过类似活动，是如何报道的？这一事件的新闻点在哪里？新闻宣传要在囊括近期工会工作主要内容的基础上，从新闻宣传“三贴近”的要求出发，努力挖掘具有新闻性的、媒体和公众感兴趣的内容进行宣传报道。

（二）对宣传时机的选择和设计，要把握时度效原则

选择合适的宣传时机，借助一些重大、特殊的时间节点，实现宣传效果最大化。如在“五一”国际劳动节期间突出宣传劳模典型，在元旦和春节期间宣传工会送温暖、为农民工追讨欠薪、平安返乡等工作，在“三八”国际劳动妇女节期间重点宣传工会女职工工作等。

（三）对实施手段和操作方法的选择运用，必须适合新闻媒体运作规律

要根据宣传内容，选择合适的媒体和传播方式，比如，画面呈现效果较好的内容，适合加大图片、视频报道力度，丰富呈现形式；生动活泼新颖的宣传内容，适合网站、微博、微信进行互动式和综合式报道；严谨专业的内容，适合文字媒体做深度报道。在融媒体时代，对于工会重大活动，要考虑充分利用各种媒介、融合多媒体优势，进行综合的融媒体宣传报道策划。

二、工会各类新闻宣传活动的组织实施

（一）会议、活动采访

一般性的机关会议、活动采访，主要形式是组织记者现场采访，并提供文件、背景资料和典型案例。重要会议、活动的宣传报道工作要进行周密策划，制定专门的宣传方案，精心组织实施。要在集中报道的基础上，以系列报道的方式，多角度宣传报道会议、活动重点等。

（二）人物专访

一些重大议题，有时需要邀请或安排有特别影响力的媒体对工会相关负责人进行深度采访。人物专访一般需要预约，在充分尊重被采访人意愿的基础上，根据媒体和栏目的性质确定

采访形式。媒体需要事先提供采访提纲，供受访者准备，采用内容需要得到受访者的认可。

（三）专题采访

专题采访是指围绕工会重点工作，组织媒体记者深入基层，进行实地集体采访报道。专题采访具有规划性强、宣传声势大、宣传效果好的特点，在组织实施过程中需要精心策划，制定采访方案、准备采访提纲、设计采访对象和采访场景、提供背景材料等。要提前对拟采访的对象、活动进行实地考察，了解相关情况，确保采访真实自然可靠，能充分反映工会作为。

对一些热点专题事件的报道，可以采用对事件或问题的发展变化进行追踪的方法，及时通报新变化、新进展，连续发出报道，反映全过程，做到环环相扣、步步紧跟，及时引导舆论，促进问题的解决和工作的开展。

（四）典型采访

劳动模范、最美职工、大国工匠等典型人物，组织媒体进行专访时，要提前对拟采访对象进行深入考察，最大限度地挖掘采访对象的典型性和示范性，保证典型的质量。通过实地采访典型人物工作场景、召开座谈会等形式，使媒体对典型人物有深入全面的了解。如有重大典型，可将线索推荐给同级或上级党委宣传部门，纳入其宣传计划，由党委宣传部门和工会共同组织采访，统筹确定报道规模和时间，达到最佳宣传效果。

三、工会新闻发布会的组织实施

（一）制定工作方案

由新闻中心根据工作内容的重要程度和宣传需求，提出召开新闻发布会的意向，阐明召开新闻发布会的主题、内容、形式与规模，报本级工会分管领导审核批准后组织实施。

（二）确定发布主题

例行发布会一般在每季度初，预告当季重点工作。专题新闻发布会一般是在举行重要会议或重大活动之前，向社会宣传其意义和内容；或是针对社会关注的热点问题或事件表明工会态度。新闻发布会必须围绕明确的主题进行，不能泛泛地介绍一般性工作。

（三）确定发布时间

一般来说，周一记者忙于总结上周工作，周五临近周末，周二、周三、周四召开发布会效果较好。大部分媒体的截稿时间在中午以后，如电视新闻在下午截稿，报纸一般在晚上截稿。为给记者留出充裕时间消化发布材料、发布新闻，发布会最好安排在上午十点，最晚不超过下午三点，时长控制在一个小时左右。

（四）邀请记者

新闻发布会的邀请对象首先是新闻记者。由于不同的媒体面向不同的受众，有不同的新闻宣传侧重面，因此，应该根据新闻发布会的主题，有选择地邀请相关的新闻媒体记者参加。除新闻记者以外，凡主题内容涉及的其他单位、部门或公众群体，也可邀请参加。

（五）会前准备

发布会前需提前准备答记者问口径。答记者问是新闻发布会的重要一环，许多重要信息是通过答记者问的形式发布的。一般来说，记者的兴趣和注意力主要集中在新闻发布会前几天内发生的热点事件。要根据近期的舆情热点，事先设想发布会上可能被问到的问题，准备好回答问题的口径，供发言人参考。邀请记者时也可提前了解他们感兴趣的重点，以便更有针对性地做好服务。

（六）会议进程控制

新闻发布会一般由新闻发布和答记者问两个环节构成。新闻发布稿可提前分发给记者，发布内容应简洁清晰、直奔主题，杜绝空话套话，尽快把时间交给提问环节。答记者问尽量简短，言简意赅，直接回答实质性问题，避免东拉西扯。点请记者提问时要注意公平，主持人根据现场情况及时协调、控制提问时间和次数。

（七）收集反馈信息

新闻发布会召开过程中，要密切关注会场气氛和动态，了解记者对新闻发布会的态度和意见。新闻发布会结束后，要及时发布现场实录供记者报道使用，收集报道情况及受众对相关信息的反馈意见，以便于开展下一步行动。

思考题：

1. 简述工会新闻宣传工作的基本原则。
2. 工会新闻宣传工作的主要任务是什么？
3. 请结合工作实际，谈谈如何做好工会新闻宣传工作。

近年部分发布会目录

1. 2022年7月，全国总工会举办党的十八大以来工会工作成就经验新闻发布会。

2. 2022年6月，全国总工会举办“产业工人队伍建设改革五周年”新闻发布会。

3. 2021年9月，全国总工会举办第七届全国职工职业技能大赛新闻发布会。

4. 2021年7月，全国总工会举办“工会关爱户外劳动者”新闻发布会。

5. 2021年4月，中央宣传部举行新时期工人党员代表与中外记者见面会。

6. 2021年4月，全国总工会举办2021年“五一”新闻发布会。

7. 2021年3月，全国总工会举办“中国海员工会成立100周年”主题新闻发布会。

8. 2020年11月，国务院新闻办就“岗位成才、奋斗圆梦”举行中外记者见面会。

9. 2019年6月，国务院新闻办举行新时期产业工人记者见面会。

扫码查看发布会文字实录详情

第五章　职工文化体育工作

职工文化体育工作是工会组织为满足职工群众日益增长的美好生活需要、全面提高职工队伍素质而开展的重要工作。职工文化是中国特色社会主义文化的重要组成部分，职工体育工作是国家群众体育工作的重要组成部分。职工文化体育工作内容主要包括：坚持中国特色社会主义文化发展道路，打造健康文明、昂扬向上、全员参与的职工文化，开展丰富多彩的职工文体活动，丰富职工精神文化生活，满足职工群众日益增长的美好生活需要，提高职工综合素质；精心培育和打造先进职工文化、体育品牌，扩大职工文化社会影响力和社会覆盖面；推动职工文化体育阵地建设，积极探索职工文化体育事业发展新路子，推动职工文化体育事业不断繁荣与发展。

第一节　职工文化工作

职工文化是文化的一种形式，是组织（主要是企事业单位和机关）内部成员在长期共同生活和生产实践中逐渐凝聚形成并传承的相同价值理念、行为方式、精神风貌，以及与此相适应的各种活动。具体来说，职工文化有以下几方面要素：职工文化是组织内部职工共同创造形成的，这里所指的职工包括组织内部所有的成员，主要以劳动收入为主要生活来源的成员，不是泛泛意义上的职工；职工文化是职工群体在长期实践中形成并传承的，而不是由个别职工形成的；职工文化体现的是职工的价值理念、行为方式和精神风貌，以及与此相适应的各种活动。

职工文化工作有着光荣革命传统。中国共产党成立之初，早期的工人俱乐部就曾经创作出很多脍炙人口的文艺作品，对启发和唤醒工人为争取工人阶级自由解放进行斗争发挥了巨大作用，成为中国工运史上重要的一页。中国共产党成立后，职工文化工作发挥着党联系职工群众的桥梁纽带作用。中华人民共和国成立以来，职工文化工作在团结教育引导职工，加强社会主义经济建设、政治建设、文化建设、社会建设和生态文明建设中发挥了重要作用。同时，职工文化也成为工会履行维护职能和教育职能的重要载体和渠道。党的十八大以来，党和国家高度重视职工文化建设。习近平总书记指出，要培育健康文明、昂扬向上、全员参与的职工文化。职工文化工作充分调动了广大职工为全面建成社会主义现代化强国和实现第二个百年奋斗目标而努力奋斗的积极性、主动性和创造性。

一、职工文化工作的地位和作用

（一）职工文化工作的地位

文化是一个国家、一个民族的灵魂。文化兴则国运兴，文化强则民族强。当今世界，文化与经济、政治相互交融、相互渗透。文化的力量不仅深深熔铸于民族的生命力、创造力和凝聚力，而且越来越成为一个国家综合国力和国际竞争力的重要组成部分。国家的发展和强盛，民族的团结和振兴，人民的尊严和幸福，都离不开强大文化的支撑。职工文化是中国特色社会主义文化的重要组成部分，建设先进职工文化是推进社会主义文化强国建设的重要举措，是强化思想政治引领、带领职工群众听党话跟党走的重要抓手，是推动先进生产力发展、实现广大职工群众根本利益的重要方面，也是满足职工群众日益增长的美好生活需要和维护职工精神文化权益的具体体现。

（二）职工文化工作的作用

做好职工文化工作，对于宣传党和国家方针政策，加强党和政府与职工群众之间血肉联系，推动社会主义精神文明和物质文明协调发展，培育健康文明的生活方式，提高广大职工群众思想道德和科学文化素质，实现职工群众精神生活共同富裕，引领广大职工群众为全面建设社会主义现代化国家、全面推进中华民族伟大复兴而团结奋斗具有重要作用。职工文化工作的作用主要体现在以下两个方面。

1. 职工文化工作对社会发展的影响。

（1）丰富了社会主义精神文明。社会主义精神文明是为人民群众服务的，它要保证和满足人民群众对精神活动的多层次和多样化需要。职工文化工作是对广大职工精神文化需求的保证。不断满足职工群众文化要求，是社会主义精神文明建设的具体任务。职工文化的状况将直接影响社会主义精神文明的水平和建设力度。

（2）促进了现代化发展和人们生活方式的变化。社会经济发展，尤其是现代企业的发展离不开高素质的职工队伍。职工文化工作是提高职工文化和素质的基本途径，它丰富了职工精神生活，不断调整职工行为交往和个性发展品位，推动职工生活情趣趋向文明和优雅，使广大职工逐步形成文明、健康、科学的生活方式。

（3）加快了职工素质提升。职工文化工作对加强新时代职工队伍建设具有促进作用，且职工文化本身就是一个文化群体环境，这种文化环境潜移默化影响人、教育人、塑造人和改造人。职工文化的丰富内容能够使职工群众受到深刻教育和影响，加快职工队伍整体素质提高。

（4）促进了国际交往，为对外开放增加了新渠道。工会有大量活动具有国际交往性，各国工会的交流包括职工文化的交流。对外开展开放、友好的职工文化交流已经成为扩大我国国际影响力的一个重要渠道，已经对国际交流产生了积极促进作用。

2. 职工文化工作对职工群众的作用。

（1）提升素质作用。通过职工文化建设，可以使广大职工在娱乐活动中得到政治、思想、道德、文化等方面的教育，进一步增强文化自信，获得更多更新的知识，从而全面提高自身综合素质。广大职工具有强烈的求知欲望，职工文化阵地则能向他们传播知识，满足他们的素质提升需求。

（2）娱乐休息作用。开展文化娱乐活动是职工文化建设的重要任务，也是职工文化活动的基本内容。通过职工文化活动，可以使职工在紧张工作之余，消除疲劳，恢复体力，调剂精神，陶冶性情。这既是职工生理需求，也是职工心理需求。文化生活的丰富和多样化，保障了职工追求身心健康需求的实现。

（3）美化生活作用。不断满足广大职工精神文化需求，是职工文化建设的任务。职工文化活动以其生动活泼的内容和形式，丰富和美化了广大职工的生活，可以起到花钱少、收益大的作用。

（4）联系职工群众作用。工会是党联系职工群众的桥梁和纽带，职工文化组织和文化阵地则是工会联系广大职工的机构和重要场所。办好职工文化阵地是工会开展群众工作、密切联系职工的最好方式之一，也是工会履行维护职能和教育职能的具体表现。

二、职工文化工作的指导思想和主要任务

（一）指导思想

高举中国特色社会主义伟大旗帜，以马克思列宁主义、毛泽东思想、邓小平理论、“三个代表”重要思想、科学发展观、习近平新时代中国特色社会主义思想为指导，深入贯彻党的二十大关于文化建设的战略规划，认真落实党和政府出台的相关法规政策，围绕“举旗帜、聚民心、育新人、兴文化、展形象”的使命任务，以培育和践行社会主义核心价值观为主线，以“中国梦·劳动美”为主题，以满足职工群众精神文化需求为中心，大力弘扬劳模精神、劳动精神、工匠精神，着力增强职工文化的政治性、先进性、群众性，着力创新职工文化建设的理念、机制和手段，着力构建职工文化繁荣发展的工作体系，着力增强广大职工的文化自信，为全面建设社会主义现代化国家、全面推进中华民族伟大复兴提供强大价值引导力、文化凝聚力和精神推动力。

（二）主要任务

1. 培育和践行社会主义核心价值观，积极传播和发展具有时代特征和工会特色的先进文化，大力弘扬劳模精神、劳动精神、工匠精神，使全体职工在理想信念、价值理念、道德观念上紧紧团结在一起。充分发挥示范引导作用，根据职工群众不同层次的精神文化需求，开展丰富多彩的职工文化活动，倡导健康文明生活方式，满足职工群众日益增长的美好生活需要。

2. 遵循社会主义精神文明建设特点和规律，适应社会主义市场经济发展要求，加快构建把社会效益放在首位、社会效益和经济效益相统一的体制机制，面向职工、面向市场，加强职工文化阵地建设，稳步推进工人文化宫（俱乐部）、工会图书

馆、职工书屋等职工文化阵地改革和发展。

3. 精心策划和打造职工文化品牌，创作和生产更多优秀文化产品，鼓舞和激励职工，不断提高职工群众思想境界和精神追求，扩大职工文化的社会影响力和感召力。

4. 树立新的文化发展观，努力在实践创造中进行文化创造，在历史进步中实现文化进步，探索建立新时代运行有序、促进发展的管理体制和运行机制，积极探索发展职工文化事业的新路子，明确职能、强化管理，整合资源、盘活资产，优化配置、增强活力，增强职工文化事业的实力和市场竞争力。

5. 充分发挥各类职工文化体育协会和组织的作用，运用协会自愿结合、方式灵活、市场运作、讲究实效的特点，为职工群众提供更多适应市场需求的文化产品和文化服务。

6. 培养职工积极分子队伍，广泛动员社会力量，内外结合、上下联动，逐步建立和完善工作机制和运作方式，依托领导机关进行文化建设宏观指导，依托社会力量按照市场机制组织大型文化体育活动，促进职工文化事业整体功能的发挥。

三、当前职工文化活动的特点

（一）职工文化的思想政治教育功能进一步凸显

新时代职工文化不能只停留在职工文体活动层面，更不能为了娱乐而娱乐，陷入“娱乐化”，而应充分发挥职工文化以文育人、以文化人的作用，创新职工思想政治工作，巩固团结奋斗的共同思想基础，团结引领亿万职工群众奋进新征程、建功新时代。

（二）职工文化活动需求呈现多元化和多层次趋势

由于职工价值观念、审美意识、欣赏水平、兴趣爱好等发生了较大变化，职工在文化活动中更加注重自我个性，如有的喜欢看电影，有的喜欢看演出，有的喜欢上网、看电视，还有的爱好书画、摄影、收藏、健身、棋牌、广场舞、烹饪等，不同收入层次的职工对文化的需求也各不相同。

（三）职工文化活动向社区、居民区延伸

为了方便职工就地、就近参加文化活动，各级工会本着健康有益、小型多样、自愿经常、方便节约的原则，广泛开展了文化娱乐、体育健身、读书学习、业余培训、交友联谊等形式多样的文化活动。这些活动大多是企业厂矿和地区街道、社区联合组织的。

（四）职工文化活动更加群众化

由于受到企业经济效益制约，不少基层工会以协会和兴趣小组为依托，坚持业余、自愿原则，自己组织、自愿参加、自行解决经费，通过采用小型多样的形式，积极开展职工文化活动，吸引职工群众广泛参与。

（五）职工文化和企业生产经营的联系更加紧密

以文化的方式促进经济发展，不仅塑造了企业形象，扩大了企业社会影响和知名度，也调动了职工参与积极性，激发了职工竞争意识、主人翁意识，推动了企业经营管理，对企业健康发展具有良好助推作用。

四、职工文化建设的原则

（一）突出政治性原则，充分发挥职工文化思想引领作用

鲜明的政治性是职工文化建设第一属性。有的群团组织开展工作过分依赖娱乐活动，只讲数量不求质量，只重场面不计效果，活动有乐无教，缺乏思想性、教育性，形式主义突出。因此，推进职工文化建设，要克服“娱乐化”倾向，紧紧围绕

党和国家工作大局以及工会工作全局，把思想政治工作贯穿到所开展的各种活动当中，多做组织职工、宣传职工、教育职工、引导职工的工作，多做统一思想、凝聚人心、化解矛盾、增进感情、激发动力的工作，把广大职工群众最广泛最紧密地团结在党的周围。

（二）突出群众性原则，努力增强职工文化吸引力

职工文化植根职工、服务职工、快乐职工，为广大职工群众所喜闻乐见，从本质上来讲属于群众文化范畴。职工群众在文化建设中可以得到自我表现、自我教育、自我服务、自我娱乐，群众性是职工文化最显著的特征之一。把握住这一特征，利用丰富的内容、新颖的形式不断增强职工文化的吸引力，吸引更多的职工群众积极参与，是充分发挥职工文化以德载道、以文化人作用的根本保证。

一是充分尊重职工群众在职工文化建设中的主体地位。职工是职工文化建设参与主体，各级工会在推进职工文化建设时要坚持一切为了职工、一切依靠职工，坚持以职工为中心的发展思想和职工群众至上的价值取向，把职工群众放在心中最高位置，充分调动广大职工群众积极性、主动性、创造性。要根据当地实际情况，充分考虑职工爱好和需求，以健康有益、小型多样、自愿经常、方便节约为原则，广泛开展形式多样的职工文体活动。

二是加强分类指导。由于职工的价值观念、审美意识、欣赏水平、兴趣爱好等发生了较大变化，对文化活动的需求呈现出多元化和多层次趋势。各级工会要根据不同层次职工群体的不同需求和爱好，组织开展各类职工文体活动，精准定位受众目标群体，进一步增强职工文体活动针对性，使职工文化的思想引领作用达到最大化。

三是不断加大向一线职工倾斜力度。通过广泛开展向一线

职工群众送文化、送演出、送慰问等活动，不断丰富他们的精神文化生活，维护他们的精神文化权益，并积极组织专业文艺工作者下基层开展创作实践活动，努力创作出一批深受职工喜爱的文化精品。

（三）突出时代性原则，不断加强职工文化建设创新与发展

随着我国经济社会不断发展，职工队伍结构发生了深刻变化，新生代农民工、新就业形态劳动者已经成为职工队伍重要组成部分，青年职工、受教育程度较高的职工在职工队伍中的比例日益提高。这些变化也对职工文化建设提出了新要求。事实证明，在职工文化建设中，固有的一些传统工作方法和模式已经不适用，只有不断创新才能推动职工文化建设不断发展。

一是要正确看待继承与创新的关系。职工文化建设创新不是对原有工作的全盘否定和放弃，而是在经过实践检验，至今仍深受职工喜爱且充分发挥作用的优秀工作方法、模式和内容基础之上，不断植入符合时代发展和职工需求变化的新元素，在继承中实现创新，在创新中实现发展。

二是积极运用互联网和新媒体推进职工文化建设。当前，随着人们日益普遍地借助互联网、手机等现代传播技术和设备获取信息，以网络技术为主的现代信息技术对职工群众的思想观念产生了深远影响。因此，要积极探索运用网络技术和产品，与职工思想政治工作重点宣传内容进行深度融合，充分利用深受广大青年职工欢迎的形式加强职工文化建设。

第二节　工人文化宫（俱乐部）

工人文化宫（俱乐部）是工会所属的公益性文化事业单位，是工会为职工群众提供文化娱乐活动的主要场所和进行思

想政治教育的重要阵地，是职工文化的重要组成部分，在新时代职工文化建设中发挥着重要作用。

一、工人文化宫的建立和发展

在我国工人运动早期，工人俱乐部是中国共产党联系工人群众的纽带，也是中国共产党通过文化活动方式传播马克思主义和无产阶级文化、启发和提高工人群众政治觉悟、把工人群众组织起来、培养骨干力量的一种有效形式，发挥着宣传群众、凝聚群众、组织群众、教育群众的作用。

1922 年 4 月 9 日，我国第一个工人俱乐部——长辛店工人俱乐部成立。其后，安源路矿、山海关京奉铁路、大冶钢厂、下陆矿、彰德京汉路、上海沪西小沙渡相继办起了工人俱乐部。1927 年大革命失败以后，作为革命群众文化运动重要组成部分的工人俱乐部和职工群众文化活动，分别在国民党统治区和苏区、革命摇篮延安以及各革命根据地继续发展。党组织通过举办俱乐部、工人夜校、福利事业以及开展业余文艺、体育、娱乐活动，不断扩大进步思想影响，提高群众觉悟，培养工人运动骨干，壮大党的队伍，使工人俱乐部成为吸引广大工农群众学习讨论、娱乐休息、增进团结的场所，为新中国成立后兴办工人文化宫，积累了经验，开辟了道路。

新中国成立后，党和政府非常关心职工群众日益增长的物质文化生活需要，也十分重视工会发展各种职工文化事业，划拨城市的中心地段建设工人文化宫。毛泽东、朱德、邓小平、刘伯承、陈毅、董必武、郭沫若等老一辈无产阶级革命家还纷纷亲笔为工人文化宫题写宫名或题词。在党和政府关怀下，工人文化宫作为一项崭新的社会主义文化事业，在全国范围内如雨后春笋般涌现。然而，正当全国工人文化宫蓬勃兴起的时候，却接连受到“工会消亡论”、“共产风”等错误思潮和三年经济困难的影响，工人文化宫发展走入低谷，而随后开始的“文化大革命”，更使工人文化宫事业遭到严重的破坏。

党的十一届三中全会开启了改革开放的闸门，工人文化宫事业也驶入了改革创新航程。20世纪80年代初，改革浪潮席卷全国，南方一些城市的工人文化宫最先“试水”。全国总工会于1987年召开第四次全国工人文化宫、俱乐部工作会议，对文化宫改革做出全面部署。自此，全国大多数工人文化宫积极按照“以文为主、多业助文”的思路锐意改革，有的破墙开店，形成了“围墙经济”；有的与外商合资，宫企共建，开发文化资源等。改革取得了一定成效，许多工人文化宫阵地设施有了改善，自我发展能力有所提高，内部管理得到加强，活动项目更加丰富多彩。

党的十八大以来，以习近平同志为核心的党中央坚持中国特色社会主义文化发展道路，激发全民族文化创新创造活力，建设社会主义文化强国。党和政府出台了诸多鼓励社会主义文化强国建设的新举措。这给工人文化宫的改革和发展营造了一个良好氛围。全国总工会认真贯彻落实中央有关政策精神，进一步加强工人文化宫的建设与管理，2016年印发了《中华全国总工会关于加强和规范工人文化宫管理的意见（试行）》，强调坚持公益性发展方向，做优做强文化服务主业，要求各级工会加强阵地管理、加强资产管理、落实管理主体责任，使工人文化宫成为职工的“学校和乐园”。2020年，印发了《中华全国总工会关于加强新时代职工文化建设的指导意见》，强调完善平台和阵地，构建圈层式文化服务网络，要求各级工会加强职工文化阵地建设，构建面向社区园区便利化、普惠化的文化设施网络，提升职工文化阵地管理和服务水平。工人文化宫纳入公共文化服务体系工作取得突破性进展，公益性服务性进一步突出，服务职工群众的能力水平明显提高，呈现高质量发展态势。

二、工人文化宫的性质和任务

（一）工人文化宫的性质

工人文化宫作为职工的“学校和乐园”，是工会所属的公益性文化事业单位，是党和国家文化事业的重要组成部分，是贯彻马克思列宁主义、毛泽东思想、邓小平理论、“三个代表”重要思想、科学发展观、习近平新时代中国特色社会主义思想，培育和践行社会主义核心价值观，弘扬中国特色社会主义文化和建设社会主义精神文明的重要阵地，是国家公共文化服务体系的有机组成部分，是工会组织联系职工的桥梁和纽带，是维护职工精神文化权益的重要载体，是职工群众学习知识、培养才干、进行文化活动的重要场所。

（二）工人文化宫的任务

坚持为职工服务、为工运事业服务、为中国特色社会主义文化建设服务的宗旨，围绕党和国家工作大局以及工会工作全局，立足满足广大职工群众日益增长的美好生活需要，积极开展内容广泛、形式多样的活动，宣传党的理论和路线方针政策，培育和践行社会主义核心价值观，倡导社会主义思想道德，推动中国特色社会主义文化发展，营造和谐社会环境，提高社会文明程度，提升广大职工群众精神文化生活质量，强健职工体魄，提高职工队伍素质，用健康文明、昂扬向上的文化活动占领职工思想文化阵地，使工人文化宫真正成为职工的“学校和乐园”。

三、工人文化宫的改革与发展

截至2022年上半年，全国共有县级以上包括工人文化宫在内的职工文化阵地1612家。近年来，工人文化宫充分发挥阵地作用，通过举办丰富多彩的职工文化体育活动吸引职工广泛参与，在丰富职工精神文化生活、发挥职工文化思想政治引领作用方面发挥了积极作用。比如：开展政策宣传活动，团结凝聚广大职工群众听党话、跟党走；开展教育培训活动，提高职工群众能力和素质；开展文化体育活动，促进社会主义先进文化建设；竭诚为基层服务，帮助企业开展健康文明、昂扬向上、全员参与的职工文化、企业文化建设。2016年，全国总工会印发《中华全国总工会关于加强和规范工人文化宫管理的意见（试行）》，明确了“推动当地政府将工人文化宫划入公益二类事业单位，有条件的划入公益一类事业单位，并推动落实相应的财政保障政策”的要求，推动将工人文化宫等职工文体活动阵地纳入政府公共文化服务体系，从而为推进建设功能完善、服务体系健全的职工文体活动场所，坚持公益性服务的正确方向，切实发挥阵地作用提供保障，使其真正成为推进全民健身工作的重要平台。2020年，全国总工会办公厅印发《关于加强新时代职工文化建设的指导意见》提出，着力打造“中国梦·劳动美”系列职工文化品牌，推动职工文体活动线上线下齐头并进。

（一）工人文化宫改革发展的指导思想

高举中国特色社会主义伟大旗帜，坚持以习近平新时代中国特色社会主义思想为指导，深入学习贯彻党的二十大精神，以社会主义核心价值观为引领，以中国精神为灵魂，以中华优秀传统文化为根脉，以劳模精神、劳动精神、工匠精神为特色，以弘扬和培育民族精神、满足职工精神文化需求为目标，大力发展健康文明、昂扬向上、全员参与的职工文化，带动职工文化事业整体发展，团结动员广大职工充分发挥主力军作用，为全面建设社会主义现代化国家、全面推进中华民族伟大复兴作出新贡献。

（二）工人文化宫改革发展的目标任务

认真贯彻落实《中共中央关于繁荣发展社会主义文艺的意见》、《中共中央办公厅 国务院办公厅关于加快构建现代公共文化服务体系的意见》、《国务院办公厅关于推进基层综合性文化服务中心建设的指导意见》等指导性文件和精神，以及《公共文化服务保障法》等法律法规，按照“增加投入，转换机制，增强活力，改善服务”的要求，继续深化职工文化阵地人事和分配制度改革，突出加强工人文化宫的阵地管理、资产管理，重点解决工人文化宫存在的主业不突出、阵地流失、出租经营等问题。加强工会系统文化阵地建设，做好工人文化宫分类改革，推动工人文化宫纳入国家公益二类事业单位序列，有条件的职工文化阵地争取进入公益一类事业单位序列，从政策和法律层面为职工文化建设提供一个良好环境，全力推进各类职工文化阵地的改革与发展。

进一步体现工人文化宫的公益性服务性，充分发挥其社会效益，强化工人文化宫服务基层、服务职工功能，建设一批设施完备、功能齐全、服务优良的标志性职工文化阵地；努力把省会城市和中心城市的工人文化宫建设成为导向正确、特色鲜明，设施先进、功能齐全，服务规范、经营有效，竞争实力强，两个效益突出，深受职工群众欢迎的新型职工文化活动中心，成为当地社会主义精神文明建设的重要阵地和群众文化建设的排头兵。大部分地区的工人文化宫做到阵地设施明显改善，文化资源充分利用，活动内容丰富多彩，特色项目形成品牌，人员素质全面提升，管理水平明显提高。

（三）工人文化宫改革发展的基本思路

1. 坚持公益性发展方向。加强和规范工人文化宫管理工作，努力推动当地政府把工人文化宫纳入公共文化服务体系，保障工人文化宫充分履行公益性服务职能，切实做到工人文化宫里有工人，工人文化宫里有文化，使工人文化宫真正成为职工的“学校和乐园”。

2. 做优做强文化服务主业。工人文化宫要坚持正确政治方向，聚焦文化服务主业，坚持围绕工会中心工作、立足基层和职工需求、适应社会多元化发展趋势开展各类文化服务，形成文化事业与文化产业共同发展、社会效益与经济效益协调统一的可持续发展格局。

3. 加强阵地管理。坚持鼓励恢复重建、倡导维修改建、规范控制新建的工作方针，科学规划、统筹管理工人文化宫阵地建设。

4. 加强资产管理。根据工人文化宫职能定位，依法合规、积极稳妥地开展资产运营模式的清理规范工作。清理规范工作由主管工会负责，坚持精准识别、分类施策，整改为主、转类为辅，将绝大多数工人文化宫盘活。极少数工人文化宫在限期整改后仍不能恢复功能的，报经上级工会批准，可转入工会经营性资产序列进行管理。

5. 落实管理主体责任。按照统一所有，分级监管和谁主管、谁负责的原则，各级主管工会切实履行管好办好工人文化宫的主体责任。

第三节　职工体育工作

体育是社会发展和人类进步的重要标志，是综合国力和社会文明程度的重要体现。体育在提高人民身体素质和健康水平、促进人的全面发展、丰富人民精神文化生活等方面，有着不可替代的重要作用。职工体育是国家群众体育的重要组成部分，是职工群众广泛参与的社会活动。

一、职工体育工作的发展历程

中华人民共和国成立后，党和政府对职工体育工作高度重视，毛泽东同志发出了“发展体育运动，增强人民体质”的号召。同时，国民经济的日益发展，也为开展职工体育活动提供了越来越好的条件。1954年，中共中央在《关于加强人民体育运动工作的指示》中明确规定：“工会应具体领导厂矿、企业中的体育工作，使之得到正常的开展。”同年，中央人民政府政务院发布《关于在政府机关中开展工间操和其它体育运动的通知》，有力地推动了职工体育的发展。随后，全国总工会设立了体育部，具体领导开展职工体育活动。全国总工会在1955年制定了《关于开展职工体育运动暂行办法纲要》，明确职工体育要贯彻“为生产服务，为群众服务”的原则和“积极领导，逐步发展”方针，强调工作重点应放在基层，并对职工体育的工作任务、组织建设、事业建设、经费来源、宣传教育和运动竞赛等方面作出明确规定。

1955年10月，在党中央和国务院的关怀下，第一届全国工人体育运动大会在北京举行，毛泽东等中央领导同志亲临大会检阅，把职工体育运动发展推向高潮。1955年到1958年，我国职工体育运动出现了一个大发展，有20个产业行业系统建立了全国性体育协会，2.5万多个基层单位建立了体育协会，培训体育干部和积极分子13万多人，参加各种体育活动的职工达300多万人。在国家遭受三年自然灾害时期，由于国民经济出现暂时困难，职工体育工作曾一度消沉下来。1962年以后，随着国民经济的恢复，职工体育工作得到了一定的发展。然而，紧接而来的“文化大革命”使党、国家和人民遭到新中国成立以来最严重的挫折和损失，职工体育工作也受到极大冲击，陷入停滞。

党的十一届三中全会以后，职工体育工作得到迅速恢复和发展。1985 年，第二届全国工人运动会举行，全国有 29 个省、自治区、直辖市和已恢复的 3 个全国体育协会派出代表队，参加的运动员达 5000 人次，为第一届全国工人运动会的三倍。1995 年颁布的《体育法》标志着中国体育工作开始进入依法行政、依法治体的新阶段。1996 年 4 月 30 日，第三届全国工人运动会在北京开幕。这届工人运动会规模大、项目多、参与面广，全国有 30 个省、自治区、直辖市，24 个产业部委和中央国家机关共 55 个代表团 7000 多名运动员参加比赛。本着“热烈、隆重、节俭、实效”原则，运动会对开闭幕式形式、项目设置和比赛办法等都进行了重大改革，在我国职工体育发展史上写下了重要篇章。

党的十八大以来，以习近平同志为核心的党中央高度重视体育工作，从全局和战略高度谋划、推动体育事业改革发展，将全民健身上升为国家战略，推动全民健身和全民健康深度融合，加快推进体育强国建设。各级工会以习近平新时代中国特色社会主义思想为指导，认真学习贯彻习近平总书记关于体育的重要论述，认真贯彻落实《“健康中国 2030”规划纲要》、《全民健身计划（2021—2025 年）》、《体育强国建设纲要》、《关于构建更高水平的全民健身公共服务体系的意见》、《全国职工素质建设工程五年规划（2021—2025 年）》等政策文件精神，积极动员组织广大职工参加体育健身活动，推进新时代职工体育工作取得新发展，进一步提升了职工健康生活指数，增强了广大职工包括健康素质在内的综合素质。

二、职工体育工作的地位和作用

2019 年，国务院办公厅印发了《关于印发体育强国建设纲要的通知》，进一步明确了体育强国建设的目标、任务及措施。2022年，中共中央办公厅、国务院办公厅印发《关于构建更高水平的全民健身公共服务体系的意见》，在“夯实广泛参与全民健身运动的群众基础”篇章中，明确提出要提高职工参与度，发挥工会作用，鼓励工会每年组织各类健身活动。党的二十大报告强调，“广泛开展全民健身活动，加强青少年体育工作，促进群众体育和竞技体育全面发展，加快建设体育强国”，“人民健康是民族昌盛和国家强盛的重要标志。把保障人民健康放在优先发展的战略位置，完善人民健康促进政策”。

大力推进职工体育工作，积极开展重在基层、重在普及、重在服务，贴近实际、贴近生活、贴近职工的体育活动，全面提高职工身体素质和健康水平，不断满足职工对健康生活方式的新追求和对美好生活的新期盼，是职工体育工作在全面实施健康中国战略、推进体育强国建设中体现地位和作为的重要举措。

开展职工体育工作，不仅可以增强职工体质、促进智力发展、消除不良情绪，而且有助于培养职工群众勇敢顽强的性格、超越自我的品质、迎接挑战的意志和承担风险的能力，有助于培养职工群众的竞争意识、协作精神和公平观念，同时还是职工群众之间增进友谊、团结的重要手段。通过体育活动，能够扩大职工之间的情感交流，增进人与人之间的相互了解，改善人际关系，建立健康、合理的生活方式，创造文明和谐的社会环境，对丰富职工群众精神文化生活，弘扬集体主义、爱国主义精神，增强向心力、凝聚力，都有着不可或缺的作用。

三、职工体育工作的指导思想、工作方针和主要任务

（一）指导思想

以习近平新时代中国特色社会主义思想为指导，全面贯彻

党的二十大精神，认真落实党和政府出台的相关法规政策，坚持人民主体地位，以满足广大职工日益增长的体育文化需求为出发点，以增强职工体质、全面提高职工整体素质和健康水平为目标，全面实施健康中国战略，推进体育强国建设，努力扩大职工体育的覆盖面，大力推进我国群众体育的发展，引领广大职工为全面建设社会主义现代化国家、全面推进中华民族伟大复兴贡献力量。

（二）工作方针

全面实施健康中国战略，推进体育强国建设，在广大职工群众中广泛开展全民健身活动，推动全民健身与全民健康的深度融合，大力增强广大职工群众的身体素养，提高职工队伍的整体健康水平，使广大职工群众在全面建设社会主义现代化国家、全面推进中华民族伟大复兴新征程中更好地发挥主力军作用；坚持普及与提高相结合、大型与小型相结合、集中与分散相结合、阶段性与经常性相结合、传统与创新相结合，实现群众性体育和示范性活动协调发展、相互促进，以改革促发展，努力形成职工群众广泛参与、充满发展活力的运行机制，推动职工体育工作不断健康快速发展。

（三）主要任务

1. 坚持以职工健康为中心，全面实施健康中国战略，大力推进体育强国建设。贯彻落实《关于构建更高水平的全民健身公共服务体系的意见》，推进全民健身与全民健康的深度融合，充分调动广大职工群众参与体育健身活动的积极性，因地制宜，开展丰富多彩的职工体育健身活动，引导职工掌握正确的健身方式和知识，最大限度地满足职工体育健身需求，使经常参加体育活动的职工人数不断增长，职工参加体育健身活动的时间逐步增多，职工身体素养明显增强、健康水平显著提高，使健康文明的体育健身和运动休闲成为职工群众的普遍生活方式。

2. 积极探索合理整合工会现有资源、增强实力的新途径，不断提高职工文化体育设施综合服务功能，改善职工体育健身条件与环境，为职工参加体育健身活动提供必要的设施和良好服务，推进职工体育健身服务体系建立与完善。

3. 健全职工体育活动组织，依托各级职工文化体育协会，广泛动员和借助社会力量与资源，积极推进职工体育工作运行机制创新，深入实际，研究新情况新问题，努力开发职工体育无形资产，积极尝试、努力培育职工体育市场，增强职工体育发展的动力和后劲。

4. 制定职工体育工作发展规划，举办好全国性职工体育赛事，精心策划和打造职工体育活动品牌，扩大职工体育工作社会影响力和社会覆盖面，提升职工体育工作水平，实现职工体育工作全面协调可持续发展，不断开创职工体育工作新局面。

第四节　开展职工文化体育工作的主要途径和方式

职工文化体育工作肩负着提高职工群众整体素质，强健职工群众体魄，不断满足广大职工群众日益增长的美好生活需要的重任。职工文体活动具有鲜明的特征，如活动时间的业余性、活动对象的群众性、活动内容和形式的多样性、活动心理的自娱性、活动方式的自愿性和社会性，等等，其工作途径和工作方式主要有以下几个方面。

一、建立健全职工文化体育工作体系

整合工人文化宫、各类职工文化体育组织和团队、各种职工文化体育活动节（奖、赛）和各类职工文化体育活动积极

分子及工作力量，以及可借用的社会文化体育资源，形成工作体系。建立全国职工文化体育活动网络和协调各方的有效工作机制，制定职工文化体育发展规划，有计划地推进各项活动。加强对基层文化体育活动指导，活跃和丰富基层职工文化体育生活，逐步形成通过社会化、市场化运作组织开展职工文化体育活动机制，充分借用社会文化体育资源指导基层文化体育活动，提升职工文化体育工作水平。发现、培养和创建不同门类、各具特色的职工文化体育示范基地，培养职工文化体育专门人才。

二、开展丰富多彩的职工文体活动

职工文体活动的开展，分为全国性、地方性和基层等不同层次。

（一）全国性活动

全国性活动主要是大型示范性职工文体活动，如全国总工会举办的“中国梦·劳动美”庆祝“五一”特别节目、“中国梦·劳动美”系列职工文体活动等，都是凝聚职工、团结职工、教育职工，激发职工斗志、体现职工自我价值、检验职工文体工作成果、展示职工群众精神风貌，并具有重大社会影响和指导示范作用的活动。这些活动一般采取工会主办、与相关部门合办、企业支持、多方参与等市场运作方式进行。

（二）地方性活动

地方性活动主要是省、市、县（区）级工会结合当地经济社会发展的需要和职工需求，围绕不同阶段中心任务开展的职工文体活动。由于这些活动能够结合当地实际，贴近职工，贴近企业，并采取职工喜闻乐见的活动形式进行，因此能够在当地长盛不衰。如各省（市、县）形成届制的职工运动会、职工文化艺术节，吸引当地众多职工文化体育爱好者参与其中。

（三）基层活动

基层活动主要是基层单位开展的职工文体活动，其特点是参与的广泛性、经常性和形式的多样性。活动形式主要有本企事业单位的职工运动会、职工艺术节等综合性项目和各种职工兴趣小组、业余文体团队开展的各种单项活动。它是广泛开展职工文体活动的基础，也是培养职工文体骨干的重要渠道。

三、推广“互联网+”，创新职工文体活动方式和载体

当前，随着互联网数字技术快速发展，“互联网+文化”、“互联网+体育”融合程度不断加深。《中华全国总工会关于加强新时代职工文化建设的指导意见》指出，“要推广互联网+，创新职工文化服务内容、工作方式和活动载体”。首先，要推动职工文化与新技术、新模式、新媒体有机融合，提高网络文化产品制作和供给能力。充分利用互联网拓展职工文化渠道平台，结合工会融媒体建设搭建覆盖广泛、功能齐全的网上职工文化服务平台。加快推进电子职工书屋建设和应用，建立和完善职工优秀文化作品电子资料库。鼓励和引导文化工作者在线创作反映劳动人生，弘扬劳模精神、劳动精神、工匠精神的职工文化作品。推动职工文化网络化传播，运用微博、微信、移动客户端等载体，促进优秀作品多渠道传输、多平台展示、多终端推送。其次，要推动职工文体活动线上线下齐头并进。推广健康文明的网络文体活动，广泛开展网上健步走比赛、工间操网络展播，以及网上摄影书画展、文艺会演、微视频展播、“随手拍”、云上演出等线上线下并行的灵活多样、趣味便利、大众化文体活动。开展线上问卷调查和网络讲座培训，精准把握职工需求，提升职工参与度和满意度。

近年来，全国总工会对“互联网+运动+文化”的职工文化体育工作新形式进行了一定探索。2021 年 12 月，启动了“中国梦·劳动美——永远跟党走 奋进新征程”全国职工线上运动会，设置普适性运动项目，提供包括 AI 跳绳、AI 深蹲、AI 侧滑摸桩、AI 敏捷踢球、AI 敏捷摸球、AI 障碍跳、AI 站立体前屈，健步走，跑步，骑行，工间健身训练等运动项目在内的运动菜单，设置相应达标规则，并将不同的运动达标数据汇总形成榜单成绩。同时，还根据时事热点以及工会重点工作拟定不同主题，设置地图闯关环节，内容包含党史及工运史知识、时事政策、红色故事等。赛事活动得到各级工会组织和广大职工好评，共吸引全国 31 个省（区、市）和新疆生产建设兵团、10 个全国产业工会的 8.5 万个单位的 370 余万名职工参赛，形成了“有组织、有同伴、有激励、可持续”的职工健身热潮。2022 年 6 月，以全国职工线上运动会赛事活动平台为基础，升级打造了全国职工线上健身运动平台，并依托平台开展丰富多彩的专题活动，打破时间、空间壁垒，不断扩大职工参与度和覆盖面。各地工会积极探索线上线下融合的职工文化和体育健身新模式，通过在线方式为广大职工群众提供内容丰富、方便快捷的文化体育健身服务，引领广大职工群众乐享文化发展成果、参与体育健身运动，展现了新时代职工健康乐观、积极向上的精神风貌。

四、加强调查研究

调查研究是推进职工文化体育工作的重要方式。要针对形势的变化以及工作中出现的新情况、新问题，围绕职工的精神文化需求，职工文化体育事业改革发展现状，各级工会的新经验、新思路、新探索等，采取走访基层、问卷调查、个案访谈、召开座谈会等多种形式，进行调查研究，掌握第一手资料。在此基础上，把职工和基层需要解决的问题弄清楚，有针对性地提出推动工会文体事业改革发展的思路和措施，提出加强和改进工会文体工作的意见和办法，及时发现、总结、推广先进经验和先进典型，以点带面，推动工会文体工作不断向前发展。

思考题：

1. 简述职工文化工作的主要作用。

2. 简述职工体育工作的主要任务。

3. 结合实际，谈谈所在单位开展职工文体工作的主要途径和形式。

附录一　工会宣传教育工作的组织机构与职责

工会宣传教育工作的组织机构是工会组织内部负责宣传教育工作的部门，根据各级工会职能的需要，分层次确定和设置宣传教育工作机构，负责组织和开展工会理论宣传、职工教育、新闻宣传、舆论引导、文化体育工作。

一、工会领导机关宣传教育工作职能部门

（一）全国总工会

中华人民共和国成立后，全国总工会分别设置了宣传部、教育部、体育部，承担履行工会教育职能的任务。1982 年，机构改革时这三个部门合并为宣传教育部，其工作职责与任务同以前没有改变。1986 年，全国总工会撤销全国工会干部教育工作领导小组及其工作机构，将工会干部教育的职责任务划归宣传教育部。1990 年，又将这项职责任务划归全国总工会组织部。2016 年，按照全国总工会改革试点工作方案，撤销宣传教育部舆情处，将网络舆情工作的部分职能划归网络工作部。目前，全国总工会宣传教育部的主要职责是：

1. 负责宏观指导工会宣传教育工作，制定和提出工会理论宣传、职工教育、新闻宣传、文化体育工作的规划和任务。

2. 参与党和国家有关职工思想、教育、舆论引导、文化、

体育工作方针政策和法律法规的制定。

3. 组织开展职工政治思想教育和社会主义核心价值观建设，推进职工精神文明创建活动。

4. 组织协调工会各项重点工作和劳动模范典型事迹的宣传。

5. 与党中央、国务院和新闻主管部门及中央各新闻单位联络，协调全国总工会新闻宣传工作，组织实施全国总工会新闻发布、舆论引导工作。

6. 总结推广工会宣传、教育、文化、体育工作的典型经验，组织调查反映职工思想状况。

7. 宏观管理工会宣传文化体育事业，组织开展全国性文化体育示范活动。

8. 承担全国总工会新闻中心、全国职工职业道德建设指导协调小组办公室、全国职工素质建设工程领导小组办公室日常工作，组织相关的全国性先进评选表彰活动。

9. 综合研究和指导工会理论宣传、职工教育、舆论引导、文化体育事业和工会报刊的管理工作，指导工会宣传、教育、文化、体育等群众性社团的工作。

10. 完成全国总工会党组和书记处交办的其他工作。

全国总工会宣传教育部下设五个处室，分别履行和承担实施相应的职责和任务。全国总工会宣传教育部的工作既体现工会宣传教育工作的性质，更体现工会领导机关的特点，履行职能的主要手段和方式是“代表、参与、指导、协调、服务”，为全国总工会书记处的宏观决策和源头参与提供准确的决策依据和参考意见，努力为做好工会宣传教育工作营造良好的环境。

（二）全国产业工会

在各全国产业工会中，不驻会产业工会都设置了专门的宣传教育部门，驻会产业工会都指定专人，在全国总工会宣传教育部的指导下，负责宣传教育联络工作。其主要职责是：

1. 负责与对口国家机关的联系，贯彻全国总工会的决议，按照宣传教育工作要点的要求，有针对性地提出本产业开展宣传教育工作的规划、任务和具体措施。

2. 深入调查研究，及时了解、掌握和反映本产业职工的思想状况和特殊困难与问题，提出有针对性的对策建议。

3. 重点指导带有产业特点的职工宣传、教育、舆论引导、文化、体育工作，总结和推广先进典型经验。

（三）省、自治区、直辖市总工会以及所属的市、自治州、盟、区总工会

各省、自治区、直辖市总工会，省辖市总工会都设置宣传教育部门，不单独设置宣传教育工作机构的城市和县级总工会，也都配备专职干部负责宣传教育工作，其主要职责是：

1. 在地方党委和同级工会的领导下，按照上级工会的要求，提出本地区工会开展宣传教育工作的任务、规划和措施。

2. 深入调查研究，总结推广先进典型经验，及时向同级党委和上级工会反映职工群众的思想状况和关心的突出问题，提出对策和建议。

3. 加强对基层工会的指导服务，帮助解决工作中遇到的困难和问题。

4. 加强工会宣传教育干部队伍与阵地建设，指导办好本级工会宣传、教育、文化、体育阵地，积极为基层工会开展工作创造条件。

二、基层工会宣传教育工作机构

在企业、事业单位、学校、机关建立的基层工会委员会，其专职工作人员的人数由工会与企业、事业单位协商确定。其工会宣传教育机构则根据工会的编制数以及所承担的宣传教育

工作任务来设置。部分基层工会设有宣传教育机构，建立工会宣传教育工作委员会，配备专人负责宣传教育工作。部分基层工会通过职工代表大会常设的宣传教育工作委员会，组织职工代表、工会积极分子开展工作。其工作职责是：

1. 按照同级党委的部署和上级工会的要求，结合本单位实际，制订和实施工会宣传教育工作计划。

2. 深入职工群众，及时了解和掌握职工思想状况，向同级党委和上级工会反映职工思想动态，积极协助基层党组织做好职工思想政治工作。

3. 以提高职工素质、促进基层单位改革发展稳定为目标，深入开展形式多样、职工喜闻乐见的思想道德、理想信念、精神文明、科学文化等方面的教育学习活动。

4. 发现、培养、宣传和推广先进典型经验，评选表彰优秀职工和先进集体。

5. 加强工会文化阵地建设，组织开展健康向上的文化体育活动，丰富职工精神文化生活，维护职工精神文化权益。

三、各类职工宣传、教育、文化、体育协会

各级工会根据实际需要，组织成立了职工宣传、教育、文化、体育等各类协会。许多基层工会除建立职工文化、体育协会外，还根据职工群众的精神文化需求，成立了集邮、灯谜、桥牌、钓鱼、信鸽等兴趣爱好协会，由工会专职或兼职人员负责组织开展活动。

工会各类职工宣传、教育、文化、体育协会严格遵守国家宪法、法律、法规和有关方针政策，积极推进全国职工宣传教育事业的繁荣与发展，紧密联系各级工会组织和职工教育、文化、体育等社会组织，联系职工宣传教育工作者及热心支持职工宣传教育事业的团体和个人，开展健康有益、积极向上的宣

传教育活动。

工会的各类职工宣传、教育、文化、体育协会，在同级工会的领导下，依据国家有关规定，积极开展工作。主要业务范围包括：加强与党和国家以及地区有关宣传文化体育等部门的联系与沟通，推动社会各界关心支持职工文化体育工作。组织开展职工文化体育竞赛、评比、交流、展演、展示活动，推动职工文化体育事业发展。指导基层单位和职工群众开展丰富多彩的文化体育活动，抓好宣传推广、辅导培训等基础工作。兴办为满足职工精神文化需求服务的经济实体，增强自我发展能力。开展有关业务研讨，发展国际专业友好交流活动。承办协会业务主管部门和国家有关职能部门交办的各项工作任务。

（一）中国职工文化体育协会

中国职工文化体育协会是经民政部批准成立的国家一级社团，成立之初由全国总工会主管。会员的组成为省、自治区、直辖市职工文化体育协会；省会城市、计划单列市职工文化体育协会；全国性行业、系统职工文化体育协会；地级市以上总工会管理的文化宫、俱乐部、体育馆；大型企业工会。

按照《中共中央办公厅 国务院办公厅关于印发〈行业协会商会与行政机关脱钩总体方案〉的通知》和《民政部关于核准中国职工文化体育协会等6家行业协会脱钩实施方案的函》要求，2021年4月，中国职工文化体育协会与全国总工会脱钩，成为自主运营的独立法人。

长期以来，中国职工文化体育协会秉承公益性属性，开展了大量职工群众喜闻乐见和行之有效的全国性职工文化体育活动，满足了职工群众的各种文化需求，团结了职工、教育了职工、凝聚了职工，创造性地组织开展了“中国梦·劳动美”全国职工系列文体活动，包括职工书画展、摄影展、微影视大赛、围棋大赛、全健排舞大赛、诗词大赛、健步走网上公开赛等系列职工文化体育活动，有力地推动了企业文化和职工文化建设，引领广大职工群众听党话、跟党走。

（二）中国志愿服务联合会职工委员会

2014 年，按照《中华全国总工会关于在广大职工中培育和践行社会主义核心价值观的实施意见》的部署和要求，成立中国志愿服务联合会职工委员会，该会属于中国志愿服务联合会分支机构。中国志愿服务联合会职工委员会设置主任委员和副主任委员职务，其中主任委员由全国总工会宣传教育部负责人担任，副主任委员由全国总工会相关产业工会和部门有关负责人担任，办公室设在全国总工会宣传教育部。

中国志愿服务联合会职工委员会以各级工会组建的劳模志愿服务队和各种职工志愿服务队为主体，紧密结合群众性精神文明创建活动，利用重要时间节点，组织开展形式多样的职工志愿服务活动。一是以“农民工平安返乡”、“走访慰问空巢老人”、“帮扶困难职工”为主题，广泛开展两节“送温暖”职工志愿服务活动。二是与中央宣传部、中央文明办等多部门共同组织开展宣传推选学雷锋志愿服务“四个 100”先进典型活动，在各类企业、学校、机关、窗口单位、商场集市等基层单位，广泛开展各具特色的学雷锋活动，着力推动岗位学雷锋活动覆盖各行各业，融入职工生产生活各方面。三是以相互关爱、服务社会为主题，常态化开展以文明礼仪知识普及、网络文明传播志愿服务、环境美化、扶贫助困、教育服务、医疗服务、文化服务、法律援助、敬老爱亲、走访帮扶等为主要内容的职工志愿服务活动。四是及时总结经验，推广先进典型，带动职工志愿服务蓬勃发展。

（三）全国工会系统职工教育协会

全国工会系统职工教育协会于 1992 年 7 月成立，原拥有团体会员单位150多家。下设地方工会专业委员会、职工高等教育专业委员会、职工中等教育专业委员会、企业工会专业委员会，各专业委员会在协会直接领导下负责组织专题研究，开展学术研讨活动。

全国工会系统职工教育协会是全国工会系统职工教育的群众性、学术性、专业性社会团体，同时是中国职工教育和职业培训协会的二级分会。协会原接受全国总工会宣传教育部的管理和中国职工教育和职业培训协会的业务指导。协会宗旨是：认真贯彻党和国家的教育方针，面向基层，面向职工，理论联系实际，积极开展工会职工教育科学理论和学术交流研讨活动，为工会职工教育事业的改革与发展，为贯彻落实新时期工会工作方针、任务，全面履行工会教育职能，提高劳动者素质，培养有理想、有道德、有文化、有纪律的劳动者作出贡献。按照有关要求，全国工会系统职工教育协会已正式注销。

（四）中国工人报刊协会

中国工人报刊协会于1992年8月经国家新闻出版署审核，民政部办理社团登记后成立，是由全国总工会主管的国家一级社团。协会秘书处原设在全国总工会宣传教育部，协会负责人由宣传教育部负责同志担任，原有工会报刊出版单位会员60家。协会的宗旨是：遵守中华人民共和国宪法、法律、法规和国家政策，遵守社会道德风尚，坚持党的基本路线，促进工人报刊的繁荣和健康发展，维护工人报刊及其工作者的合法权益，为全国工人报刊服务。作为全国新闻宣传战线和中国工会的一支重要舆论力量，中国工人报刊协会在宣传党的基本路线、宣传工人阶级和工会工作，发挥舆论监督作用、维护职工合法权益，动员和组织各地工人报刊认真履行工人报刊职责、促进工人报刊健康发展的过程中发挥了重要作用。

2015年6月，《中共中央办公厅 国务院办公厅关于印发

〈行业协会商会与行政机关脱钩总体方案〉的通知》，要求积极稳妥推进行业协会商会与行政机关脱钩。为维护工会意识形态安全，考虑到脱钩后中国工人报刊协会将面临没有工作人员、没有办公场所、没有实际资产的实际状况和意识形态属性强的特点，2017 年 6 月，全国总工会书记处会议决定注销中国工人报刊协会。2022 年 3 月，中国工人报刊协会正式注销。

附录二　工会宣传教育工作相关的法律、法规和文件

一、相关法律、法规

（一）《中华人民共和国宪法》

国家发展各种教育设施，扫除文盲，对工人、农民、国家工作人员和其他劳动者进行政治、文化、科学、技术、业务的教育，鼓励自学成才。

中华人民共和国公民有受教育的权利和义务。

（二）《中华人民共和国工会法》

工会组织和教育职工依照宪法和法律的规定行使民主权利，发挥国家主人翁的作用，通过各种途径和形式，参与管理国家事务，管理经济和文化事业，管理社会事务；协助人民政府开展工作，维护工人阶级领导的、以工农联盟为基础的人民民主专政的社会主义国家政权。

工会动员和教育职工以主人翁态度对待劳动，爱护国家和企业的财产，遵守劳动纪律，发动和组织职工努力完成生产任务和工作任务。

工会会同行政方面组织职工开展业余文化、技术学习和职工培训，提高职工的文化、业务素质；组织职工开展文娱、体育活动。

各级人民政府和企业、事业单位、机关应当为工会办公和

开展活动，提供必要的设施和活动场所等物质条件。

工会的财产、经费和国家拨给工会使用的不动产，任何组织和个人不得侵占、挪用和任意调拨。

（三）《中华人民共和国劳动法》

各级人民政府应当把发展职业培训纳入社会经济发展的规划，鼓励和支持有条件的企业、事业组织、社会团体和个人进行各种形式的职业培训。

用人单位应当建立职业培训制度，按照国家规定提取和使用职业培训经费，根据本单位实际，有计划地对劳动者进行职业培训。

（四）《中华人民共和国教育法》

教育必须为社会主义现代化建设服务、为人民服务，必须与生产劳动和社会实践相结合，培养德智体美等方面全面发展的社会主义建设者和接班人。

从业人员有依法接受职业培训和继续教育的权利和义务。

（五）《中华人民共和国职业教育法》

实施职业教育应当弘扬社会主义核心价值观，对受教育者进行思想政治教育和职业道德教育，培育劳模精神、劳动精神、工匠精神，传授科学文化与专业知识，培养技术技能，进行职业指导，全面提高受教育者的素质。

行业主管部门按照行业、产业人才需求加强对职业教育的指导，定期发布人才需求信息。

行业主管部门、工会和中华职业教育社等群团组织、行业组织可以根据需要，参与制定职业教育专业目录和相关职业教育标准，开展人才需求预测、职业生涯发展研究及信息咨询，培育供需匹配的产教融合服务组织，举办或者联合举办职业学校、职业培训机构，组织、协调、指导相关企业、事业单位、社会组织举办职业学校、职业培训机构。

企业未依照本法规定对本单位的职工和准备招用的人员实施职业教育、提取和使用职工教育经费的，由有关部门责令改正；拒不改正的，由县级以上人民政府收取其应当承担的职工教育经费，用于职业教育。

（六）《中华人民共和国体育法》

体育工作坚持以开展全民健身活动为基础，实行普及与提高相结合，促进各类体育协调发展。

国家鼓励企业事业组织、社会团体和公民兴办和支持体育事业。

国家提倡公民参加社会体育活动，增进身心健康。

社会体育活动应当坚持业余、自愿、小型多样，遵循因地制宜和科学文明的原则。

国家机关、企业事业组织应当开展多种形式的体育活动，举办群众性体育竞赛。

工会等社会团体应当根据各自特点，组织体育活动。

国家鼓励、支持体育社会团体按照其章程，组织和开展体育活动，推动体育事业的发展。

国家鼓励企业事业组织、社会团体和公民依法举办体育专业教育。

（七）《中华人民共和国公共文化服务保障法》

本法所称公共文化设施是指用于提供公共文化服务的建筑物、场地和设备，主要包括图书馆、博物馆、文化馆（站）、美术馆、科技馆、纪念馆、体育场馆、工人文化宫、青少年宫、妇女儿童活动中心、老年人活动中心、乡镇（街道）和村（社区）基层综合性文化服务中心、农家（职工）书屋、公共阅报栏（屏）、广播电视播出传输覆盖设施、公共数字文化服务点等。

国家机关、社会组织、企业事业单位应当结合自身特点和需要，组织开展群众性文化体育活动，丰富职工文化生活。

（八）《中国工会章程》

中国工会按照中国特色社会主义事业“五位一体”总体布局和“四个全面”战略布局，贯彻创新、协调、绿色、开放、共享的新发展理念，把握为实现中华民族伟大复兴的中国梦而奋斗的工人运动时代主题，弘扬劳模精神、劳动精神、工匠精神，动员和组织职工积极参加建设和改革，努力促进经济、政治、文化、社会和生态文明建设；发展全过程人民民主，代表和组织职工参与管理国家事务、管理经济和文化事业、管理社会事务，参与企业、事业单位、机关、社会组织的民主管理；教育职工践行社会主义核心价值观，不断提高思想道德素质、科学文化素质和技术技能素质，建设有理想、有道德、有文化、有纪律的职工队伍，不断发展工人阶级先进性。

（九）《中华人民共和国公共文化体育设施条例》

本条例所称公共文化体育设施，是指由各级人民政府举办或者社会力量举办的，向公众开放用于开展文化体育活动的公益性的图书馆、博物馆、纪念馆、美术馆、文化馆（站）、体育场（馆）、青少年宫、工人文化宫等的建筑物、场地和设备。

国家鼓励通过自愿捐赠等方式建立公共文化体育设施社会基金，并鼓励依法向人民政府、社会公益性机构或者公共文化体育设施管理单位捐赠财产。

县级以上地方人民政府应当将本行政区域内的公共文化体育设施的建设纳入当地国民经济和社会发展计划。

建设公共文化体育设施使用国有土地的，经依法批准可以以划拨方式取得。

公共体育设施管理单位不得将设施的主体部分用于非体育

活动。但是，因举办公益性活动或者大型文化活动等特殊情况临时出租的除外。临时出租时间一般不得超过 10 日；租用期满，租用者应当恢复原状，不得影响该设施的功能、用途。

因城乡建设确需拆除公共文化体育设施或者改变其功能、用途的，有关地方人民政府在作出决定前，应当组织专家论证，并征得上一级人民政府文化行政主管部门、体育行政主管部门同意，报上一级人民政府批准。

涉及大型公共文化体育设施的，上一级人民政府在批准前，应当举行听证会，听取公众意见。

经批准拆除公共文化体育设施或者改变其功能、用途的，应当依照国家有关法律、行政法规的规定择地重建。重新建设的公共文化体育设施，应当符合规划要求，一般不得小于原有规模。迁建工作应当坚持先建设后拆除或者建设拆除同时进行的原则。迁建所需费用由造成迁建的单位承担。

二、相关文件

（一）《中共中央关于加强和改进思想政治工作的若干意见》

思想政治工作要坚持正确的方针原则：

必须坚持以马克思列宁主义、毛泽东思想和邓小平理论为指导，坚持党的基本路线和基本方针；

必须坚持以经济建设为中心，为全党全国工作大局服务；

必须坚持从实际出发，增强针对性和实效性；

必须坚持教育与管理相结合；

必须坚持解决思想问题同解决实际问题相结合；

必须坚持在党的领导下，依靠全社会共同来做。

国有企业和国家控股企业的党组织要切实发挥政治核心作用，加强对思想政治工作的领导，充分依靠工会、共青团以及职工代表大会进行思想政治教育。

要建立健全思想政治工作责任制，党委（党组）一把手要负起第一责任人的职责，其他领导成员也要明确任务，负起责任。

充分发挥新闻媒体在思想政治工作中的重要作用。所有新闻媒体的宣传，都要坚持党性原则，坚持实事求是，坚持团结、稳定、鼓劲和正面宣传为主，牢牢把握正确舆论导向。要贴近群众，贴近实际，贴近生活，认真做好典型宣传、热点引导、舆论监督。

（二）《公民道德建设实施纲要》

各级宣传、教育、文化、科技、组织人事、纪检监察等党政部门，工会、共青团、妇联等群众团体以及社会各界，都应当在党委的统一领导下，各尽其责，相互配合，把道德建设与业务工作紧密结合起来，纳入目标管理责任制，制定规划，完善措施，扎实推进。

（三）《中共中央 国务院关于加强职工教育工作的决定》

全国总工会负责综合研究并指导办好工会系统的职工学校。各级工会都要积极参与职工教育的管理工作，发挥监督作用，维护和保障职工的学习权利。

基层企业事业单位，在党委统一领导下，由行政负责主管本单位的职工教育工作，充分发挥工会、共青团等有关方面的作用。

企业职工教育的经常费用，大体可按工资总额的1.5%掌握使用，在企业成本中开支。

（四）《国务院关于大力推进职业教育改革与发展的决定》

各类企业要按照《中华人民共和国职业教育法》的规定实施职工教育和职工培训，承担相应的费用。一般企业按照职工工资总额的1.5%足额提取教育培训经费，从业人员技术素质要求高、培训任务重、经济效益较好的企业可按2.5%提取，列入成本开支。要保证经费专项用于职工特别是一线职工的教育和培训，严禁挪作他用。企业技术改造和项目引进，都应按规定比例安排资金用于职工技术培训。

（五）《中共中央 国务院关于进一步加强和改进新时期体育工作的意见》

坚持体育为人民服务、为社会主义现代化建设服务的方针，坚持普及与提高相结合，实现群众体育与竞技体育的协调发展和相互促进。

从我国国情出发，坚持体育事业与经济社会协调发展。群众体育以全民健身为目标，广泛开展体育活动，不断提高全民族的健康水平。增加政府对体育事业的投入，充分发挥社会力量，积极发展体育产业。

各行业、机关、企事业单位和乡镇、社区要把组织群众开展体育活动纳入工作范围，充分利用文化体育设施的综合服务功能，在组织网络、活动内容和服务方式上积极探索符合时代要求的基层体育发展模式。

要明确政府和社会的事权划分，实行管办分离，把不应由政府行使的职能转移给事业单位、社会团体和中介组织。体育行政部门要把工作重点转移到贯彻国家方针、政策，研究制定体育行业政策和发展规划，依法加强行业管理和提供服务上来。

（六）《中共中央 国务院关于进一步加强人才工作的决定》

新世纪新阶段人才工作的根本任务是实施人才强国战略。在建设中国特色社会主义伟大事业中，要把人才作为推进事业发展的关键因素，努力造就数以亿计的高素质劳动者、数以千万计的专门人才和一大批拔尖创新人才，建设规模宏大、结构合理、素质较高的人才队伍，开创人才辈出、人尽其才的新局面，把我国由人口大国转化为人才资源强国，大力提升国家核心竞争力和综合国力，完成全面建设小康社会的历史任务，实现中华民族的伟大复兴。

（七）《中共中央关于全面深化改革若干重大问题的决定》

人民是改革的主体，要坚持党的群众路线，建立社会参与机制，充分发挥人民群众积极性、主动性、创造性，充分发挥工会、共青团、妇联等人民团体作用，齐心协力推进改革。鼓励地方、基层和群众大胆探索，加强重大改革试点工作，及时总结经验，宽容改革失误，加强宣传和舆论引导，为全面深化改革营造良好社会环境。

（八）《中共中央关于加强和改进党的群团工作的意见》

群团组织要把深化改革开放、推动科学发展、促进社会和谐作为发挥作用的主战场，把工人阶级主力军、青年生力军、妇女半边天作用和人才第一资源作用，转化为促进经济社会发展的强大力量。要积极主动宣传改革和依法治国，组织引导群众理解改革、支持改革、参与改革、推进改革，积极投身社会主义法治国家建设，促进形成最广泛的合力。

群团组织要紧紧结合自身职责，深入开展群众性劳动竞赛、技能比武、科技创新、科学普及等活动，动员群众立足岗位创新创业创优。积极开展对所联系群众的知识技能培训，促进能力素质提高。大力宣传生态文明理念，广泛发动群众，共建美丽中国。

群团组织要广泛开展民族团结进步宣传教育，动员所联系群众旗帜鲜明反对民族分裂、维护祖国统一，促进各民族群众手足相亲、守望相助。

推动群团组织引导群众自觉培育和践行社会主义核心价值观。

群团组织要从所联系群众的实际出发，设计务实管用的载体，把社会主义核心价值观转化为生动活泼、特色鲜明、富有成效的群众性实践。引导广大职工弘扬劳模精神、劳动精神、工人阶级伟大品格，增强主人翁意识，打造健康文明、昂扬向上的职工文化。

群团组织要坚持广泛发动，利用遍布城乡的组织网络和基层阵地，深化群众性精神文明创建活动，把社会主义核心价值观教育做细做实。加强正面引导，大力宣传弘扬社会主义核心价值观的新风正气，及时批评违背社会主义核心价值观的模糊认识、错误观点、不良风气，引导群众明辨真假、是非、善恶、美丑。搞好典型引路，发挥各行各业先进典型、道德模范、“最美人物”等的示范带动作用，激发全社会学习先进、追赶先进、争当先进的持久内生动力。

（九）《中共中央关于制定国民经济和社会发展第十四个五年规划和二〇三五年远景目标的建议》

健全基层群众自治制度，增强群众自我管理、自我服务、自我教育、自我监督实效。发挥工会、共青团、妇联等人民团体作用，把各自联系的群众紧紧凝聚在党的周围。

（十）《中共中央 国务院关于深化国有企业改革的指导意见》

加强企业党组织对群众工作的领导，发挥好工会、共青团等群团组织的作用，深入细致做好职工群众的思想政治工作。

（十一）《关于培育和践行社会主义核心价值观的意见》

党政各部门，工会、共青团、妇联等人民团体，要在党委统一领导下，加强沟通、密切配合，形成共同推进社会主义核心价值观培育和践行的良好局面。

（十二）《中央宣传部 国务院国资委关于加强和改进新形势下国有及国有控股企业思想政治工作的意见》

加强和改进新形势下国有企业思想政治工作，对于坚持工人阶级的主人翁地位、充分调动广大干部职工的积极性主动性创造性，对于提升企业核心竞争力、确保企业又好又快发展，对于推动社会主义核心价值体系建设、构建社会主义和谐社会，具有十分重要的意义。

要把思想政治工作同生产经营、后勤保障、人力资源开发、企业精神培育、企业文化建设、管理服务等领域工作结合起来，同集团公司、分厂分公司、车间、班组等不同层面工作贯通起来，形成党委统一领导、党政共同负责、党政工团齐抓共管，以专兼职政工干部队伍为骨干、以职工群众广泛参与为特色的大政工格局。

积极发挥企业工会等群众组织在开展思想政治工作方面的重要作用。国有企业工会组织是党联系职工群众的桥梁和纽带，是职工利益的代表，要依法履行职能，按照促进企业发展、维护职工权益的原则，组织职工参加民主管理和民主监督，与企业行政方面建立协商制度，及时就涉及职工利益的重大事项决策、重要规章制度制定征求意见、提出建议，畅通职工利益诉求表达渠道，维护职工的合法权益；鼓励支持职工学习科学技术知识和岗位专业知识，积极组织开展岗位技能竞赛，开展健康有益的文体活动，不断提高职工队伍的思想道德素质、科学文化素质和健康素质；做好劳动模范和先进生产者的评选表彰工作，注重发挥他们的示范带头作用。

加强企业政工队伍建设。包括党务、工会、共青团等专职人员在内的国有企业政工干部，是直接面向职工群众开展工作的一线队伍，是搞好企业思想政治工作的骨干力量。要根据企业实际需要确定专职政工干部的数量，原则上应不低于正式职工总数的1%。

（十三）《国务院关于大力发展职业教育的决定》

大力发展职业教育，加快人力资源开发，是落实科教兴国战略和人才强国战略，推进我国走新型工业化道路、解决“三农”问题、促进就业再就业的重大举措；是全面提高国民素质，把我国巨大人口压力转化为人力资源优势，提升我国综合国力、构建和谐社会的重要途径；是贯彻党的教育方针，遵循教育规律，实现教育事业全面协调可持续发展的必然要求。

明确职业教育改革发展的目标。进一步建立和完善适应社会主义市场经济体制，满足人民群众终身学习的需要，与市场需求和劳动就业紧密结合，校企合作、工学结合，结构合理、形式多样，灵活开放、自主发展，有中国特色的现代职业教育体系。

要认真落实“一般企业按照职工工资总额的1.5%足额提取教育培训经费，从业人员技术要求高、培训任务重、经济效益较好的企业，可按2.5%提取”的规定，足额提取教育培训经费，主要用于企业职工特别是一线职工的教育和培训。企业新上项目都要安排员工技术培训经费。

（十四）《新时期产业工人队伍建设改革方案》

突出产业工人思想政治引领。加强理想信念教育，引领团结产业工人坚决拥护以习近平同志为核心的党中央，自觉践行社会主义核心价值观。强化职业精神和职业素养教育，大力弘扬劳模精神、劳动精神、工匠精神，引导产业工人爱岗敬业、甘于奉献，培育健康文明、昂扬向上的职工文化，在精神文明建设中发挥示范导向作用。制定加强和改进产业工人思想政治工作意见。加强法治教育，提高产业工人法律素养和诚信意识，引导产业工人依法理性有序表达利益诉求，坚决维护产业工人队伍团结统一和社会和谐稳定。

营造尊重劳动、崇尚技能、鼓励创造的社会氛围。组织中央和地方主流新闻媒体加大对产业工人的宣传力度，运用微博、微信、移动客户端等新媒体，开展分众化、互动式宣传。引导广大文艺工作者创作更多展现产业工人风采的优秀文艺作品。组织劳模、工匠进学校、进课堂，进企业、进班组。

做好改革宣传工作。坚持正确舆论导向，大力宣传新时期产业工人队伍建设改革的重大意义、目标任务、主要举措，宣传改革实施中的先进典型、经验成效，营造关心、支持改革的良好社会环境。

打造更多高技能人才，叫响做实“大国工匠”品牌。

运用信息化手段研判分析，及时准确掌握产业工人思想状况、生产生活、技术技能。加强网上思想引领、技术交流、创新成果展示、文化建设等，举办多行业、多工种网上练兵活动。打造网络学习平台，满足广大产业工人个性化学习需求。

加强有关产业工人队伍建设的法治保障，推进修订职业教育法。

统筹发展职业学校教育和职业培训。建立覆盖广泛、形式多样、运作规范，行业、企业、院校、社会力量共同参与的职业教育培训体系，促进学历与非学历教育纵向衔接联通、横向互通互认。鼓励名师带高徒，统筹规范现代学徒制和企业新型学徒制，推行学徒制培训。

促进农民工融入城市、稳定就业。深入实施农民工学历与能力提升行动计划、农民工职业技能提升计划。将农民工培养成为稳定就业的产业工人，公平保障其作为用人单位职工、城镇常住人口的权益，提供基本公共服务。

落实企业职工教育经费，完善经费投入与监督制度。

（十五）《中共中央 国务院关于全面加强新时代大中小学劳动教育的意见》

社会要发挥在劳动教育中的支持作用。充分利用社会各方面资源，为劳动教育提供必要保障。各级政府部门要积极协调和引导企业公司、工厂农场等组织履行社会责任，开放实践场所，支持学校组织学生参加力所能及的生产劳动、参与新型服务性劳动，使学生与普通劳动者一起经历劳动过程。鼓励高新企业为学生体验现代科技条件下劳动实践新形态、新方式提供支持。工会、共青团、妇联等群团组织以及各类公益基金会、社会福利组织要组织动员相关力量、搭建活动平台，共同支持学生深入城乡社区、福利院和公共场所等参加志愿服务，开展公益劳动，参与社区治理。

（十六）《中共中央 国务院 中央军委关于加强和改进新时代全民国防教育工作的意见》

企事业单位要把国防教育列入职工教育计划，纳入目标管理和绩效考评责任制，结合政治教育、文化建设、业务培训、体育活动等普及国防常识、培育国防素养。

社会组织要结合工作领域和自身特点，利用思想教育、党团活动、工作例会等时机开展国防教育。

（十七）《关于加强新时代高技能人才队伍建设的意见》

鼓励各类企业事业组织、社会团体及其他社会组织以独资、合资、合作等方式依法参与举办职业教育培训机构，积极参与承接政府购买服务。对纳入产教融合型企业建设培育范围的企业兴办职业教育符合条件的投资，可依据有关规定按投资额的30%抵免当年应缴教育费附加和地方教育附加。

鼓励通过名师带徒、技能研修、岗位练兵、技能竞赛、技术交流等形式，开放式培训高技能人才。建立技能人才继续教育制度，推广“求学圆梦行动”，定期组织开展研修交流活动，促进技能人才知识更新与技术创新、工艺改造、产业优化升级要求相适应。

注重依法依章程推荐高技能人才为人民代表大会代表候选人、政治协商会议委员人选、群团组织代表大会代表或委员会委员候选人。进一步提高高技能人才在职工代表大会中的比例，支持高技能人才参与企业管理。按照有关规定，选拔推荐优秀高技能人才到工会、共青团、妇联等群团组织挂职或兼职。

参考文献

1. 习近平．习近平谈治国理政[M]．北京：外文出版社，2014.

2. 习近平．习近平谈治国理政（第二卷）[M]．北京：外文出版社，2017.

3. 习近平．习近平谈治国理政（第三卷）[M]．北京：外文出版社，2020.

4. 习近平．习近平谈治国理政（第四卷）[M]．北京：外文出版社，2022.

5. 中共中央宣传部．习近平总书记系列重要讲话读本[M]．北京：学习出版社，人民出版社，2016.

6. 中央宣传部，中央文献研究室．论文化建设——重要论述摘编[M]．北京：学习出版社，2012.

7. 中国共产党第二十次全国代表大会文件汇编[M]．北京：人民出版社，2022.

8. 本书编写组．党的二十大报告学习辅导百问[M]．北京：党建读物出版社，学习出版社，2022.

9. 中华全国总工会．党的二十大精神职工学习问答[M]．北京：人民出版社，中国工人出版社，2023.

10. 本书编写组．二十大党章修正案学习问答[M]．北京：党建读物出版社，2022.

11. 全国总工会课题组．深入学习贯彻习近平总书记关于工人阶级和工会工作的重要论述[M]．北京：中国工人出版社，2021.

12. 中华全国总工会．中国特色社会主义工会发展道路学习读本[M]．北京：中国工人出版社，2012.

13. 中华全国总工会．走向社会主义市场经济的中国工人阶级[M]．北京：中国工人出版社，1993.

14. 中华全国总工会．中国工会百科全书[M]．北京：经济管理出版社，1998.

15. 汝信．中国工人阶级大百科[M]．北京：中国国际广播出版社，1992.

16. 项德生，郑保卫．新闻学概论[M]．武汉：武汉大学出版社，2000.

17. 吴文虎．传播学概论[M]．武汉：武汉大学出版社，2000.

18. 丁淦林．中国新闻事业史[M]．武汉：武汉大学出版社，2000.

19. 郝一民．新闻学概论[M]．上海：上海大学出版社，2003.

20. 李良荣．新闻学概论[M]．上海：复旦大学出版社，2004.

21. 胡振民．思想政治工作创新论[M]．北京：学习出版社，2005.

22. 高钢．新闻发布与新闻发言人实务[M]．北京：人民日报出版社，2006.

后 记

《工会宣传教育工作概论》是全国工会干部培训基础教材之一。

本次出版的《工会宣传教育工作概论》是在2006年第一版、2013年第二版、2018年第三版的基础上，由全国总工会宣传教育部负责修订。参加修订工作的人员有：余华江、贾畅宇、薛怡雯、赵琳（第一章、附录），李奉明、程巍、刘佐达、巩彦博（第二章），何紫凌、张成菊、王明燕（第三章），罗有晗、曾春明、纵兆磊、孔子悦（第四章），罗媛媛、彭波（第五章）。阳万雄、雷江平、刘小琴、杨海林、阎伟同志负责审阅书稿，张晓辉同志终审定稿。

由于编者水平有限，本书难免存在不足和疏漏之处，诚恳欢迎广大读者批评指正。

编 者

2023年3月